HAYMON verlag

Österreich von innen
Band 2

Alfred Komarek

Osterreich von innen: Wachau

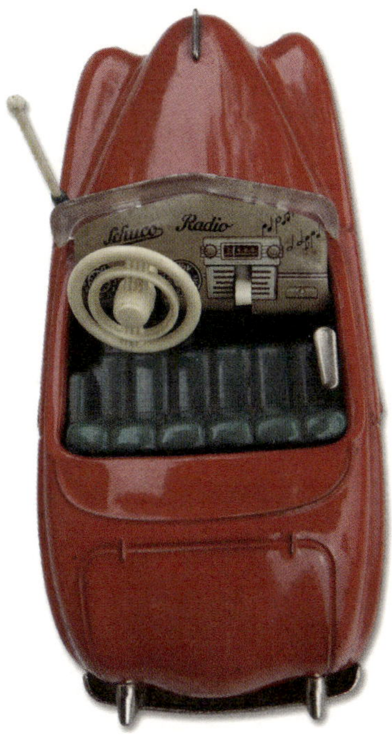

Auflage:
4 3 2 1
2016 2015 2014 2013

HAYMON verlag
Innsbruck-Wien
www.haymonverlag.at

ISBN 978-3-7099-7094-2

Umschlag- und Buchgestaltung, Satz:
hœretzeder grafische gestaltung, Scheffau/Tirol
Coverfoto: Thomas Hofmann

Gedruckt auf umweltfreundlichem,
chlor- und säurefrei gebleichtem Papier.

Heimat, Fremde, Heimat

Schon wieder ein neues Auto, ein altes noch dazu ... Ich bin doch wirklich unverbesserlich. Das Objekt meiner Begierde ist ein sehr roter Buick Roadster aus den 1950er Jahren. Man kann ihn in die Tasche stecken und es steht „Schuco" drauf. Ein feines Spielzeug, und eins, das spielt. Der kleine Buick ist nämlich groß genug für ein Autoradio, und dieses intoniert ausschließlich das Lied vom Mariandl, -andl, -andl, Sie wissen schon, aus dem Wachauerlandl, -landl.

Dieses cineastische Sinnbild Wachauer Weiblichkeit ist übrigens erst durch das geheime Wirken eines nicht minder geheimen Hofrates zur Österreicherin geworden. Mehr davon später.

Die Einbürgerung einer anderen, noch berühmteren Wachauerin hat indes etwa 24.000 Jahre auf sich warten lassen. Mariandls Mutter stammte aus Znaim, die „Venus von Willendorf" hingegen ist mit einiger Sicherheit in der Gegend des heutigen Brünn zur Welt gekommen. Im mittleren Jungpaläolithikum,

Die Venus von Willendorf aus Plastik hängt an einem Schlüssel, der ganz bestimmt keine Türen in die Vorvergangenheit der Menschen öffnet. Aber die dicke, steinerne Frau wird nun einmal vermarktet.

dem Gravettien, war die letzte Eiszeit schon auf dem besten Wege, ihrem Namen alle Ehre zu machen. Jäger und Sammler mussten immer weitere Wanderungen unternehmen, um noch ausreichend Nahrung zu finden. An der Sonnenseite des engen Donautals, wo überdies der Willenbach Tieren eine Tränke bot, war es wohl ein wenig leichter, nicht allzu hungrig zu überleben als in weithin offenen Lößsteppen. Jedenfalls belegen Artefakte aus den zahlreichen Fundschichten bei Willendorf, dass sich hier von Zeit zu Zeit kleine Menschengruppen aufhielten, um zu rasten und zu jagen. Und eines Tages geschah es eben: Die Jäger zogen weiter, doch eine kleine, dicke, steinerne Frau blieb zurück. Erst als die Trasse der Donauuferbahn gebaut wurde, kam diese Zeugin urgeschichtlichen Fremdenverkehrs wieder unter die Leute. So unverhüllt sie heute auch da steht vor aller Welt – viel gibt sie nicht von sich preis. Umso wortreicher fielen und fallen die Vermutungen aus, und so manche These verrät mehr über den Betrachter als über den Gegenstand angeblich wissenschaftlichen Interesses. Während der Leiter der Ausgrabungen, Josef Szombathy, trocken ein „völlig gut erhaltenes Steinfigürchen, ein steatopyges (also fettleibiges) Weib“ beschrieb, urteilte einer seiner Mitarbeiter ganz im Sinne einer erhofften Karriere in der Luegerzeit mit ihrem ungeniert ins Kraut schießenden Antisemitismus: „Wohlstand. Fruchtbarkeit. Vgl. heutige, faule Jüdinnen“.

Was die Methoden exakter Wissenschaft zu leisten vermögen, ist seitdem geschehen. Wie peinlich genau das Figürchen untersucht wurde, zeigt auch die Entdeckung, dass bei der auffallend sorgfältigen Gestaltung der Schamlippen das Werkzeug offenbar leicht abrutschte und einen Einschnitt am linken Oberschenkel hinterließ. Durchaus plausibel, eine gewisse Unruhe der Hand an solch heikler Stelle.

Gegenüber, nördlich der Donau, lauerten hungernd und übler Laune die Rugier auf jede Gelegenheit, sich plündernd mit dem Nötigsten zu versorgen.

Zur Abwechslung sei es nun auch einmal Männern gestattet, zur Vorgeschichte der Wachau beizutragen, und zwar wesentlich. Hier ist vor allem ein Heiliger zu nennen, der sich durch erstaunliches Geschick in weltlichen Dingen auszeichnete, eine historische Gestalt, deren Bild in der Geschichte auch deshalb unvollendet bleibt, weil so viel über ihn berichtet wurde. Severin von Noricum fand posthum in Eugyppius einen Verfasser seiner Biographie, dem es gleichermaßen um Wahrhaftigkeit wie um Verherrlichung ging. So schuf der Autor mit der „Vita Severini“ ein profundes Werk über das Leben in der Provinz Noricum zur Zeit der untergehenden Römerherrschaft – und eine von Wundern durchwirkte Heiligengeschichte. Severin heilt, prophezeit und vermehrt Öl. Aber er packt auch kraftvoll zu, lenkt und verwaltet, treibt kluge Politik, hilft wo er kann, bewährt sich als Vermittler.

Gut möglich, dass er anfangs noch in Favianis, dem heutigen Mautern, im Auftrag des Imperiums dem wahren Glauben diente, und er dafür sorgte, dass die längst brüchig gewordene Ordnung der Dinge aus römischer Sicht so halbwegs erhalten blieb. Bald aber konnte es nur noch – sehr fern von Rom – um das erträgliche Leben und Überleben an beiden Ufern der Donau gehen. Not herrschte hüben wie drüben: Die Soldaten des Limes bekamen keinen Sold mehr, die schadhaften Befestigungsanlagen boten der Bevölkerung kaum noch Schutz. Gegenüber, nördlich der Donau, lauerten hungernd und übler Laune die Rugier auf jede Gelegenheit, sich plündernd mit dem Nötigsten zu versorgen. Irgendwie gelang es Severin, in dieser anarchischen Welt Autorität zu erlangen und zu bewahren. Von ihm gegründete Mönchsgemeinschaften boten der Bevölkerung ein wenig Schutz und Unterstützung. Auch von der Einführung des Zehent wird berichtet. Damit konnte Severin als öffentliche Hand von Gottes Gnaden grundlegende Strukturen noch eine Weile aufrechterhalten. Außerdem erwies er sich als wahrer Meister spätantiker Pendeldiplomatie. Er vermittelte den Loskauf der von Germanen verschleppten Gefangenen, trat vor rugischen Fürsten als geachteter Verhandler auf, und wurde als kluger, weitblickender Berater geschätzt. Nicht nur für

Severin war der im Bereich der heutigen Wachau ohnehin nie stark befestigte Limes längst durchlässig geworden: für Feindseligkeiten und Scharmützel aller Art, aber auch für Handel und Wandel. Auf dem wöchentlichen Markt in Favianis kauften und verkauften Romanen wie Barbaren, und der kleine Grenzverkehr zwischen den Ufern war lebhaft. Das änderte aber nichts daran, dass es am rechten Ufer, der südlichen Seite, entschieden lebhafter und zivilisierter zuging. Hier gab es die Römerstraße, den Limes, Siedlungen – und Wein, von den Römern ins Land gebracht, oder auch schon vorgefunden und kultiviert. Nicht von ungefähr wohnte Severin, ein wenig abseits von Favianis, an einer vielversprechenden Adresse: Ad vineas, bei den Weingärten.

Heute ist alles anders: Das linke Ufer, das nördliche, ist ein dickes, schönes Bilderbuch, erzählt weinselige Märchen mit Goldrand. Das rechte Ufer hingegen, das südliche, zeigt leise, bukolische Bilder her, auch dunkle, rätselhafte, schenkt sie jenen, die liebevoll Ausschau halten, und lässt auch die Stille erzählen.

Severin, in unsere Zeit geraten, sähe vermutlich mit freudigem Staunen, was aus dem Ufer der Barbaren so geworden ist – schon der vielen Kirchen wegen. Andererseits war er auch zu Lebzeiten stets bereit, den Menschen von hüben wie drüben mit Achtung zu begegnen. So ergab es sich, wie schon mehrmals zuvor, dass ihn Odoaker, ein Germanen-

Auch auf römischen Nebenstraßen wie jener im Dunkelsteiner Wald zwischen Mautern und Melk war der Verkehr keine Nebensache. Davon zeugen noch heute tiefe Radspuren im Gestein.

Römisches Mauerwerk in Mautern öffnet der Pfarrkirche St. Stephan ein Fenster für gottgefällige Zeitmessung – ein Bild so recht im Sinne der praxistauglichen Frömmigkeit des heiligen Severin.

fürst, besuchte, um Rat zu holen. In der „Vita Severini“ steht nachzulesen:

„Als er nun gebückt dastand, um nicht mit seinem Scheitel an die Decke der niedrigen Zelle zu stoßen, erfuhr er vom Gottesmann seine ruhmreiche Zukunft. Zum Abschied sagte dieser ihm auch: Gehe nach Italien, gehe; zwar bist du jetzt mit armseligen Fellen bekleidet, aber bald wirst du viele reichlich beschenken.“

Tatsächlich gründete Odoaker wenige Jahre darauf ein italienisches Königreich, ein den Machtverhältnissen entsprechendes Konglomerat aus römischen und germanischen Elementen. Er beseitigte Rivalen, bediente sich der bewährten Beamtenschaft und entledigte sich der zunehmend aufsässigen Rugier. Kühlen Mutes nahm er aber auch zur Kenntnis, dass die Donaugrenze nicht mehr zu halten war. Als er die Bevölkerung Ufernoricums nach Italien umsiedeln ließ, war Severin schon tot. Odoaker bat seinen Bruder Hunwulf, die Leiche des wohlmeinenden Beraters nach Neapel zu bringen. So endet eine Zeit des frühen Christentums in der Spätantike für die Wachau in fernen Landen.

Noch geraume Zeit schrieb die Völkerwanderung die Vorgeschichte des Wachauer Fremdenverkehrs fort. Dann aber schoben sich mit den Bayern Fremde ins Bild, die entschlossen waren zu bleiben, sogar angesichts eines unmittelbar angrenzenden, bedrohlich mächtigen Slawenreiches, trotz aller Widerstände und Rückschläge. So zwischendurch, am 6. Oktober 830, um genau zu sein, kam die Wachau zu ihrem Namen: als „Locus Uahouua“ – Wahowa – in einer Urkunde Ludwigs des Deutschen. Österreich bekam seinen Taufschein als „Ostarrichi“ übrigens erst 166 Jahre später ausgestellt. Gewisse Unterschiede muss es ganz einfach geben.

Weißenkirchen, St. Michael, Wösendorf und Joching waren jedenfalls seit dem 12. Jahrhundert als „nobilis districtus“ zum „Thal Wachau“ verbunden, zu einer Urwachau sozusagen.

Der Beginn eines ganz anderen Kapitels Wachau-Geschichte wurde am 27. November 1095 in der fernen Averne, in Clermont, geschrieben. Papst Urban II. hatte zum Konzil gerufen. Der Kirche ging es damals gar nicht gut. Rom, seiner politischen Macht entblößt, war schäbig und provinziell geworden. Das dort residierende Haupt der Christenheit wurde außerhalb der Stadtmauern nur noch beiläufig wahrgenommen. Erst im 11. Jahrhundert erwachten Ehrgeiz und Reformwille, doch gleichzeitig wurde die Auseinandersetzung zwischen weltlicher und kirchlicher Macht wieder härter. Urban II. hatte sich mit einem kaisertreuen Gegenpapst auseinanderzusetzen, mit einer Kirche, für die Seelsorge nicht zu den vordringlichen Aufgaben zählte, mit aufsässigen Adeligen, die sich wenig um gekrönte

In Albrecht Dürers Paumgartner Altar (Kopie im Prandtauer Hof) bewachen St. Georg und St. Eustachius die Geburt Christi. Wehrhafte Soldatenheilige wie diese kamen besonders in den Kreuzzügen zu kirchlichem Ansehen.

Häupter scherten, und schon gar nicht um den Hunger und das Elend der einfachen Leute. Da war es mit ein paar beherzten Kurskorrekturen nicht getan. Dennoch erledigte Urban dringende Hausaufgaben. Unter anderem verschärfte er den Zölibat, versuchte den Kauf von kirchlichen Ämtern vollends zu unterbinden, verbat Klerikern das Tragen von Waffen, und gab dem Bann gegen den ehebrecherischen König Philipp I. von Frankreich noch mehr Gewicht.

Dann aber holte Urban zu einem gewaltigen Befreiungsschlag aus. Er überraschte und faszinierte die Christenheit des Abendlandes mit einer neuen Perspektive von atemberaubenden Dimensionen. Die heiligste Pflicht sei es nun, verkündigte Urban, eine bewaffnete Pilgerfahrt ins Heilige Land anzutreten, um es aus der Hand der Muslime zu befreien. Doch nicht Gold noch Ruhm sei der Lohn, sondern der Ablass aller Sünden, und im Todesfall die Erhöhung zum Märtyrer. Den weltlichen Mächten empfahl er, ihre Kräfte nicht länger im Kampf gegeneinander und gegen die Kirche zu vergeuden, sondern geeint und ohne Eigennutz wider die Ungläubigen ins Feld zu ziehen. Bei dieser Gelegenheit schob er auch gleich das christliche Prinzip der Gewaltlosigkeit mit erstaunlicher Leichtigkeit beiseite. Hatte nicht schon der Kirchenvater Augustinus postuliert, dass der Christ auf Befehl Gottes sehr wohl in die Schlacht ziehen möge? Eine hehre Sache, so ein Heiliger Krieg! Die Christenheit zog demnach ins Feld, Ritter, Fürsten, Könige, aber auch bettelarme Männer, Frauen und Kinder. Vielfach folgte der fromme Heerweg dem Lauf der Donau und brachte damit auch unermessliche Scharen von Reisenden in die

Die Christenheit zog demnach ins Feld. Vielfach folgte der fromme Heerweg dem Lauf der Donau und brachte damit auch unermessliche Scharen von Reisenden in die Wachau.

Wachau. Sie folgten wahrscheinlich zu Lande und zu Wasser den Resten des Limes am rechten Donauufer. Gefährliche Strudel wurden umgangen.

Die christlichen Gotteskrieger waren außerdem wohl oder übel mit kleinem Gepäck unterwegs, mussten also verköstigt und versorgt werden. Außerdem brauchten sie Unterkünfte. Die großen Klöster Göttweig und Melk reichten dafür nicht aus. So trugen die Kreuzzüge auch zum Werden neuer, stadtähnlicher Strukturen bei – das gilt besonders für Krems und seine Bürger. Schon 1150 schreibt der arabische Handelsmann und Geograf Idrisi von einer bedeutenden Handelsstadt. Ein wuchtiges Denkmal dieser mittelalterlichen Globalisierung im Sog der Kreuzritter ist die Gozzoburg, der Stadtpalast eines Kaufmannes und Stadtrichters, der nicht zuletzt durch den Fernhandel reich geworden war. Die Donau war zur lebhaften Handelsstraße geworden, durch die Wachau wehte der Duft der großen weiten Welt, der hiesige „Osterwein" war begehrt, aber so mancher Reisende brachte auch Weinwissen vom Rhein oder aus Frankreich mit.

Die Kreuzzüge waren ein anmaßendes, gewalttätiges Unterfangen mit dem Ziel, Andersgläubige zu vertreiben, zu unterwerfen oder zu töten. Die Wachau hat den frommen Heerzug als aufregend anregend erfahren.

Ein Kreuzzug, der dritte, hat sogar die Entwicklung der Residenzstadt Wien nachhaltig geprägt.

Kuenringer, Kreuzzüge, kontemplative Frömmigkeit und gottgefällige Prachtentfaltung, begleitet vom Wein und von unverhohlenem Bürgerstolz: Dürnstein ist ein dichtes, stimmiges Konzentrat der Wachau – viel mehr als schöne Kulisse.

Ende des 12. Jahrhunderts erweiterten die Babenberger die Stadt und ließen bei dieser Gelegenheit den ehemaligen Graben des römischen Militärlagers Vindobona zuschütten. So entstand ein Marktplatz, der, sich allmählich nobler gebend, auch zum Schauplatz wurde. So ist das noch heute und niemand denkt dabei an Richard Löwenherz, der doch so viel für diesen urbanen Freiraum gegeben hat, wenn auch nicht freiwillig. Jene 23 Tonnen Silber, die für seine Freilassung an den österreichischen Herzog Leopold V. und den deutschen Kaiser Heinrich VI. gezahlt wurden, reichten auch noch für den Neubau der Wiener Stadtmauern, die Gründung von Wiener Neustadt und Friedberg, die Neuanlage von Enns und die Sanierung der Hainburger Befestigungen. Der Rest war immer noch bedeutend genug, um die österreichische Währung über Jahrhunderte stabil zu halten. Sogar in einigen Prägungen von 5- und 10-Schilling-Münzen soll noch jenes Silber enthalten sein, dessen Verlust England dereinst an den Rand des Ruins gebracht hatte. Für Krems brachte die Silberflut allerdings einen herben Verlust an Bedeutung: Die landesherrliche Münze wurde nach Wien verlegt.

So viel zum schmählichen Ende eines gewaltigen Unternehmens, das Richard Ruhm, Macht, reiche Beute, päpstliches Wohlwollen und gottgefälliges Seelenheil bescheren sollte. Als der Entschluss in ihm reifte, ins Heilige Land zu ziehen, war es ihm gerade erst gelungen, seinen Vater vom Thron zu stoßen. Richard wurde zum König von England gekrönt. Er und Philipp II., König von Frankreich, brachen zum Kreuzzug auf. Schon einmal unterwegs, sorgte Richard nach Ankunft in Messina auf Sizilien mit harter Hand für die Freilassung seiner Schwester, die nach dem Tod ihres Mannes in Gefangenschaft geraten war. Wieder unterwegs, eroberte er so nebenbei Zypern und verkaufte die Beute. Er heiratete taktisch geschickt und nahm mit höflichem Bedauern zur Kenntnis, dass der einzige Herrscher, der ihn an Macht übertroffen hatte, Friedrich Barbarossa, nach einem eiskalten Bad im türkischen Grenzfluss Saleph gestorben war. Endlich eroberte er gemeinsam mit König Philipp und Herzog Leopold die Feste Akkon. Den Beitrag Philipps erkannte Richard Löwenherz gerade noch an, wenn auch mit deutlicher Herablassung. Die Leistung Leopolds wollte er nicht wahrgenommen haben. Der Legende nach ließ er sogar die österreichische Fahne vom Turm reißen und in den Burggraben werfen. Leopold schwor auf Rache und der englische König kümmerte sich um andere Dinge: Weil sich die von ihm geforderten Zahlungen der Besiegten verzögerten, ließ er anschließend – und das ist keine Legende – an die 2.700 muslimische Gefangene ermorden, darunter auch Frauen und Kinder. Richard Löwenherz fügte weitere blutige Eroberungen hinzu, scheiterte aber letztlich an Jerusalem. Schlechte Nachrichten aus der Heimat mahnten zur eiligen Rückreise. Nach einem Schiffbruch hetzte er zu Lande weiter, betrat mit einigem Unbehagen österreichisches Gebiet, und wurde am 21. Dezember 1192 in Wien gefangen genommen. Vergnügten Sinnes ließ Leopold seine gekrönte Beute in Begleitung Hadmars von Kuenring nach Dürnstein bringen. Löwenherz logierte dort eher, als er schmachtete, bevor er nach wenigen Monaten an Kaiser Heinrich VI. ausgeliefert wurde. Weil man so aber nicht mit heimkehrenden Kreuzrittern umging, drohte päpstlicher Zorn. Heinrich zog mit einem geschickt inszenierten Schauprozess mit erfundenen Vorwürfen gegen Richard Löwenherz das Haupt aus der Schlinge, Leopold wurde exkommuniziert, doch beide gekrönte Häupter waren bald reicher als je zuvor. Bleibt die Frage nach Blondel, dem treuen, suchenden und findenden Barden, nach Männerfreundschaft und Gefolgschaftstreue, der befreienden Macht der Musik über Kerkermauern und Grenzen hinweg: schön, aber erfunden.

Einmal Himmel und zurück

Vor meinem Presshaus im Weinviertel, nicht in der Wachau, steht ein Nussbaum und darunter stehen recht häufig Tisch und Bank, dunkelgrün gestrichen. Da sitze ich denn, schaue in die Weingärten oder auch dorfwärts und weiter nach Norden, wo das Schloss Seefeld herrschaftliche Konturen ins leise Hügelland zeichnet.

Dort ging es 1595 mit dem nicht zuletzt für die Wachau so bedeutenden Geschlecht der Kuenringer zu Ende. Als „Hans Lasla, Herr von Chunring" auf Schloss Seefeld starb, gehörte der wehrhafte Ansitz seiner Vorfahren schon den Grafen von Hardegg und wurde umgebaut. Auch mit der aufmüpfigen Macht der Kuenringer war es längst vorbei und der Letzte ihres Stammes war schwer verschuldet. Doch was solls: Wenn ein Rittergeschlecht ausstirbt, ist das eine große Zeremonie wert. Die Hauptdarsteller: ein Mann in Ritterrüstung, der Pfarrherr von Tribuswinkel als zuständiger Geistlicher für den Verstorbenen, und Herr Veith, der Pfarrherr von Schrattental.

Nach der Leichenrede trat der Geharnischte vor und „legt sich ziemlich laut neben der Bahr nieder auf die Erden und bleibt also ligen“. Während der eine Geistliche stumm an die Kanzel trat, verkündete sein Kollege aus Schrattental, dass der edle Verstorbene der Letzte seines Namens und seines Stammes sei, und dass man „itzo sein Schild und Helm dem alten Gebrauch nach zerwerffen und zertilgen“ werde. Ein Adeliger trat vor und überreichte dem Priester ein Schild, das mit drei Wappen und einem Balken bemalt war. Herr Veith nahm es, zerschlug es und warf die Trümmer zu dem immer noch liegenden Ritter hinunter. In den Lärm mischte sich „mit gar kläglicher Stimm“ der andere Pfarrer und schrie „Chunring, nimmer Chunring“. Noch zweimal wurde ein Schild zertrümmert, noch zweimal wurde geklagt, dann lag das alte Geschlecht vollends in Scherben, und die Feier mündete in ein fast schon beiläufiges Ende: „Nach Vollendung dessen fängt man wieder an zu musicieren, hebt die Leich und legts in die Begräbnuss und stehet der gerüstete Mann auf, hilft die Trümmer zusammen klauben und werfens in das Grab, und gehen folgends aus der Kirchen.“

An dieser Stelle kommt ein kurioser Wandersmann ins Bild, jener k.k. Beamte Joseph Kyselak, der seine eigentliche Lebensaufgabe darin sah, Österreich möglichst flächendeckend zu signieren, natürlich wünschte er auch die Wachau unübersehbar

Auf Burg Aggstein vereinen sich Mauerwerk und Fels zu einer unübersehbaren Botschaft: In den Niederungen mag weiß Gott was geschehn. Hier oben zählen Stärke und Beständigkeit.

Die Donau war schon zur Zeit der Kuenringer ein intensiv genutzter Handelsweg. Wer ihn kontrollierte, ihm Regeln aufzwang, hatte die schönsten Aussichten auf gute Gewinne und beständige Macht.

bar mit seinem Namen zu schmücken. So nebenbei führte er auch ein Reisetagebuch. Seine Begegnung mit den Burgen der Kuenringer gerät zwiespältig. Zur Ruine Dürnstein fällt ihm wenig ein: „Die Reste der auf zackigem Felsen trauernden Feste Dürrnstein sind zu bekannt, als dass man hier noch neue Notitzen anführen könnte." Burg Hinterhaus in Spitz findet er immerhin wegen der „schönen Übersicht der Weingebirge" erwähnenswert, doch angesichts von Burg Aggstein wird der sonst eher trockene Erzähler zum von wonnigen Schauern durchwehten Poeten: „Eine krumme Wiesenfläche, mit üppigen Stämmen begränzt, ist das Proscenium dieses wild pittoresken Theaters. Felsen, wie man sie hier nie erwartet, und Mauern, die noch diese Felsen verhöhnen, breiten sich im eckigen Zirkel auf dem breiten Berggipfel, einen Wald von Fichten, Birken und Föhren auf den Häuptern schwingend."

Als die Kuenringer mit dem 12. Jahrhundert auch in der Wachau als markgräfliche, also babenbergische Entwicklungshelfer tätig wurden, hatte das Geschlecht gute Gründe für ein robustes Selbstbewusstsein, manifestiert in Trutzburgen, die nur zu deutlich zeigten, wo oben war und wo unten. Sie waren zwar als Dienstleute ihres Herrschers ins Land gekommen, konnten aber belehnt werden, und schufen so eigene Herrschaftsbereiche. Die Kuenringer nahmen, was sie bekommen konnten, etwa von bayerischen Klöstern, vom bayerischen Herzog, dem Böhmischen König, dem Burggrafen von Nürnberg. An sich war das ihrem landesfürstlichen Dienstherrn nur recht: Damit gelangte fremder Herrschaftsbesitz in seinen Einflussbereich. Überdies waren die geistlichen Grundherrn auf Vögte angewiesen, um öffentliche Aufgaben, vor allem die Gerichtsbarkeit ausüben zu können. Die Herren Kuenringer waren gerne zu Diensten, wenn auch ohne übertriebene Untertänigkeit. Sie nützten das komplizierte mittelalterliche Geflecht von Besitz, Verfügungsgewalt und ertragreichen Rechten: Dort, wo sie saßen, waren sie auch willens zu besitzen, schon gar in den umliegenden Gebieten, die sie sich zu eigen machten. Sie residierten treuherzig zum Schutz der Bevölkerung in ihren Burgen, die dann wenig überraschend zu hochmütigen Herrschaftssitzen wurden, zu steinernen Drohgebärden. So kam es auch, dass die oft zitierte Bezeichnung „Hunde von Kuenring" anfangs ehrenvoll für ergebene Treue zum Dienstherrn stand, und erst später – vor allem in der Literatur der Habsburgermonarchie – zum Schimpfwort geriet. Die Babenberger waren nämlich die Guten und jene, die sich erdreistet hatten, auch einmal die Hand ihres Herrn zu beißen, die bösen Biester. Tatsächlich erhoben sich Ministerialen, wütend ob despotischer Machtausübung, unter der Führung der Kuenringer gegen den Herzog. Friedrich, der zweite Babenberger seines Namens, entsann sich aber seines Beinamens „der Streitbare" und schlug entschlossen zurück. Burg Aggstein wurde belagert und erobert. Seit damals traute man in Wien den Kuenringern so ziemlich jede Übeltat zu, notfalls rückdatiert. Jener „Scheck vom Walde“, der im 15. Jahrhundert Burgherr auf Aggstein wurde und das fast zur Ruine verkommene Gemäuer erneuern ließ, wurde von späteren Chronisten listig zum Kuenringer erklärt und mit dem einschüchternden Namen „Schreckenswald“ versehen. Als solcher übte er sein Recht, Maut einzuheben, zunehmend exzessiv aus und schreckte auch vor räuberischer Gewalt nicht zurück. Die Absperrung der Donau durch eine Kette ist jedoch wohl ebenso eine düstere Mär wie das grausame Bedrohen von Reisenden angesichts des furchterregend schwindelerregenden „Rosengärtleins“: Wer nicht verhungern wollte, war zum tödlichen Sprung in die Tiefe eingeladen.

Wer sich rasch und entschlossen seinen Anteil an diesem Lebensraum sicherte, hatte die Nase vorn, und zwar über Jahrhunderte hinweg, wie es sich weisen sollte.

Jedenfalls war die Wachau zur Zeit der Babenberger eine überaus attraktive Gegend für Pioniere aller Art. Es gab eine leistungsfähige, wenn auch gefahrvolle Handelsstraße, die Donau, und es gab ein über alle Grenzen hinweg begehrtes Produkt, den Wein. Wer sich rasch und entschlossen seinen Anteil an diesem Lebensraum sicherte, hatte die Nase vorn, und zwar über Jahrhunderte hinweg, wie es sich weisen sollte. So wurde aus einer eng begrenzten Welt an den Flussufern eine große Welt im Kleinformat: Das Bistum Passau in Krems, das Kloster Tegernsee in Dürnstein und Unterloiben, das Salzburger Erzstift St. Peter in Oberloiben, die Stifte Freising, Niederaltaich und Tegernsee in Weißenkirchen, die Klöster Admont, Passau, Zwettl, St. Florian und Garsten in Wösendorf, Niederaltaich in Spitz (die Steuern kassierte allerdings Landshut) und Schwallenbach, das Augustiner Chorherrenstift St. Pölten in Joching, die Herren von Schaunbach und die Wallseer in Willendorf, Niederaltaich in Aggsbach Markt, die Grafschaft Weitenegg in Emmersdorf. Südlich der Donau blieb das Land erst recht nicht herrenlos: Karl der Große schenkte Güter in der Gegend von Melk dem Abt des fränkischen Klosters Herrieden, der Königshof ebenda ging an den Erzbischof von Salzburg. Endlich warf der Babenberger Leopold I. den Salzburger Vogt Sizo aus der Melker Burg, um dort zu residieren. Schönbühel gehörte dem Bistum Passau bis die Starhemberger den Ort zu einem Zentrum des Protestantismus machten, um schließlich doch in den Schoß der Kirche zurückzukehren. Die Hochfreien Manegold und später die Maissauer wurden in Aggsbach Dorf von den bayerischen Herzögen belehnt. Oberarnsdorf, Mitterarnsdorf und Bacharnsdorf gehörten dem Salzburger Erzbistum, Karl der Große beschenkte das bayerische Stift Met-

Schiffsmeister organisierten als Hersteller und Eigner der Boote den Handel auf der Donau. Kam Maut dazu, war Reichtum nicht weit. Doch auch angesichts dieses Hauses in Weißenkirchen bleibt die direkte Verbindung zum heutigen Bankwesen dahingestellt.

Das alte Rathaus in Spitz: Salz war über Jahrhunderte eines der wichtigsten Transportgüter auf der Donau. Die Einkünfte flossen direkt in des Kaisers Privatschatulle. Kein Wunder, dass jede Schmälerung streng geahndet wurde.

ten mit dem Land um Rossatz. Ab dem 11. Jahrhundert hatten hier die Babenberger ihren einzigen landesfürstlichen Besitz in der Wachau. Bleibt Mautern: Schon im 9. Jahrhundert saß in dieser Gegend die bayerische Markgrafensippe der Wilhelminer, dann wurde das Gebiet an Kremsmünster geschenkt und kam schließlich mit dem Stift gemeinsam an Passau. Dieses sehr bunte Mosaik, gefügt aus gottgefälligem Gewinnstreben, lokalen Eitelkeiten und überregionalen Strategien, fügte sich in eine enge, aber vielgestaltige Landschaft: Zwischen dem Waldviertel und dem Dunkelsteinerwald bleibt nur wenig Raum für die Donau mit schmalen Uferstreifen, kleinen Buchten, Schwemmkegeln an den Mündungen von Bächen und engen Seitentälern. Nach Süden hin steigt die Landschaft eher sanft an, nach Norden zu, am linken Donauufer, sind die Hänge steil, auch felsig-schroff. Siedlungen entstanden dort, wo Platz war und so wie es dem wirtschaftlichen und kulturellen Selbstverständnis der Grundherren entsprach. Auf diese Weise entwickelten sich eng begrenzte Lebensräume, kleine Welten mit eigenen Regeln, Gebräuchen und sprachlichen Besonderheiten. Allen gemeinsam war die Donau als Handelsstraße mit einträglichen Mautstellen und Marktplätzen an den Ufern – vor allem aber der Wein. Allerdings gab es verteufelt wenige Flächen, die für Rebstöcke geeignet waren. Den wenigen ebenen Bereichen am Ufer fehlte es an Sonnenwärme und in den günstigeren Lagen konnte sich allenfalls bergerprobter Baumwuchs halten. Für die Römer am südlichen Ufer war das noch kein Problem gewesen: Ihre Rebstöcke wuchsen vereinzelt und brauchten Bäume zur Stütze. Intensiv genutzte Weingärten am unwegsamen Nordufer konnte es aber nur in einer neu geschaffenen Landschaft geben. Anderswo mochte es genügen zu roden, um fruchtbares Land zu gewinnen. Das geschah auch in der Wachau: eine mühsame und gefährliche Arbeit in extremer Steillage. Damit war die Arbeit aber erst begonnen. Es folgte eine über dreißig Kilometer lange Großbaustelle, vom Ufer himmelwärts, bis es einfach nicht mehr höher ging. Das Ergebnis ist ein gewaltiges Bauwerk, nicht gering zu achten unter den größten der Welt: unzählige Weinterrassen, abgestützt durch Steine, ohne Mörtel zu Mauern geschichtet, noble Logen für einen Ehrengast im Lande, dem Wein. So kam auch Spitz zu einer penibel modellierten Erhöhung, dem Tausendeimerberg: 56.000 Liter Ertrag in guten Jahren ...

Dieser radikale, umfassende Eingriff in Natur und Landschaft hat es mit weiteren menschlichen Willkürakten indes zu hohen Ehren gebracht, sogar zur Anerkennung als Weltkulturerbe. Doch die geistlichen Grundherren hatten wohl kaum den Ehrgeiz, hier etwas Schönes, Harmonisches zu schaffen. Es ging um den Ertrag. Und jene Winzer, die mit Körben, Schaufeln und bloßen Händen ihre Arbeit taten,

Nur an wenigen Stellen, wie hier, im Loibner Becken, gibt es flaches Land zwischen Ufer und Berghang. Die Wachau ist seit jeher ein beengter Lebensraum. Wer Platz braucht, muss sich darum bemühen.

Die Kulturlandschaft der Wachau ist das Ergebnis einer umfassenden, ja radikalen Veränderung. Doch die Terrassen zeichnen die Konturen der Landschaft nach und die Trockenmauern bieten wertvollen Lebensraum.

leisteten ungeliebte Fronarbeit. Vergleicht man aber die Wachauer Terrassenlandschaft zum Beispiel mit einem Tagbergbau unserer Tage, erklärt sich das harmonische Bild: Die alten Strukturen sind behutsam gezeichnet, Landschaftsbau geschah in Handarbeit, menschliches Maß war bestimmend. Heute nehmen gewaltige Maschinen den kürzesten Weg, begradigen statt nachzuzeichnen, beseitigen, statt zu formen, schaffen Schächte und Abgründe, ebnen ein, häufen Halden an. Die Wachauer Terrassenlandschaft folgt der Geländestruktur, gibt ihr neue, aber angemessene Akzente. Das Baumaterial der Mauern sind Steine aus der Gegend, mit kundiger Sorgfalt verbunden, so stark wie nötig und so hoch wie möglich. Diese Bauten schaffen keine leblosen Barrieren. Sie helfen dem Boden dahinter, Niederschlagwasser zu speichern und transportieren überschüssiges Nass durch offene Fugen ab. Trockensteinmauern speichern tagsüber Wärme und geben sie in der Nacht ab, und sie bieten, innen feucht und außen trocken, einen speziellen Lebensraum für Tiere und Pflanzen. Die Smaragdeidechse, in der Wachau sehr gerne als Botschafterin intakter Natur gepriesen, wäre zum Beispiel ohne die künstliche Landschaft der Trockenmauern um einiges ärmer dran: Die sonnenwarmen Steine helfen ihr bei der Wärmeregulation, in den Spalten gibt es Gelegenheit, sich zu verstecken und Eier abzulegen. Dort findet sich auch die Mehrzahl der Beutetiere – und sollte es die Jägerin einmal nach Trauben gelüsten, was vorkommt, ist der Weg nicht weit.

Zuweilen gelingt es eben, dass Natur und Mensch trotz aller Widersprüche ihr Zusammenleben gemeinsam und für beide Teile erfreulich gestalten. In der Wachau ist so im Mittelalter ein Mosaik kleinräumiger, unterschiedlicher Welten entstanden, mit besonderen Klimazonen, einer abwechslungsreichen Geologie, mit Böden von ausgeprägter Eigenart – und Menschen, die mit dem Wissen von außen und der Erfahrung von innen individuelle Wege zu ihrem Lebensraum, ihrer Arbeit, zum Wein fanden – und finden. Heutzutage gibt es den Begriff „Terroir". Damals, vor Jahrhunderten, fehlte es an Worten. Aber es war schon klar, dass alles unter dem Himmel miteinander zu tun hat und aufeinander einwirkt. Wir haben es nur zwischendurch vergessen.

War die Pionierzeit erst einmal überwunden und flossen respektable Einkünfte aus dem Weinhandel in die Kassen der Bistümer, konnten die ebenso frommen wie tüchtigen geistlichen Herren daran gehen, zukunftstaugliche Strukturen zu schaffen und bei dieser Gelegenheit auch etwas für das eigene Ansehen zu tun. Das geschah mit repräsentativen Lesehöfen. Dort wurden die geernteten Trauben gesammelt, gepresst und den Lagerstätten zugewiesen. Nicht zu vergessen die penible Abrechnung von Pacht und Zehent. Außerdem wurde in diesen Häusern Weinwissen vermittelt, erst durch Geistliche,

Im von den Flößern gestifteten Nikolausaltar der Pfarrkirche von Spitz haben der alte Weinort, der Tausendeimerberg und die allegorisch belebte Herrlichkeit des Himmels viel miteinander zu tun.

Jakob Prandtauer schuf in Joching den Lesehof seines Namens für das Chorherrenstift St. Pölten. Der Erlahof in Spitz verwaltete die Weingärten Niederalteichs. Der Pichlhof in Unterloiben ist ein spätmittelalterlicher Ansitz.

dann durch weltliche Hofmeister. Für die Arbeit im Weingarten gab es strenge Regeln: Die Anzahl der Rebstöcke pro Joch war festgelegt, wie auch die einzubringende Mistmenge. Für das Schneiden, Behauen, Jäten und das Aufbinden waren Zeiträume festgelegt. Vor der durch Boten kontrollierten Lese wurden die Weingärten meist eingefriedet. Doch auch in der kalten Jahreszeit gab es zu tun: Rund um die Weinstöcke galt es den Boden zum Schutz gegen Frost anzuhäufen, Gräben sollten das Abfließen von Schmelzwasser verhindern, und trotz Eis und Schnee war noch einmal mit der Butte Mist einzutragen und einzuhauen.

Doch auch unter dem strengen Regiment der Hofmeister waren die Winzer in der mittelalterlichen Wachau besser dran als andere Bauern. Sie lebten nicht völlig rechtlos, und ab dem 13. Jahrhundert gab es „Holde", die es sich immerhin leisten konnten, Liegenschaften vom Grundherren zu pachten und dafür ein Drittel der Ernte abzuliefern – ein Verteilungsschlüssel, der noch heute ins Schloss passt.

Doch mit dem 16. und dem 17. Jahrhundert wendete sich das Blatt. Der Ansturm der Türken bedrohte auch die Wachau. Die Reformation zerrüttete die katholische Ordnung im Lande, die nicht zuletzt auch eine Wirtschaftsordnung war. Die Gegenreformation schlug mit grausamer Macht zurück. So brannten in Spitz kaiserliche Reiter die Schlosskirche des protestantischen Grafen Kuefstein nieder, drei Tage lang wurde geplündert. An ein geregeltes Wirtschaften war kaum noch zu denken. Trauben verfaulten am Stock, ungarischer Wein drängte ins Land. Der Niedergang des Lehnswesens ließ Söldnertruppen erstarken. Im Dreißigjährigen Krieg rückten die Schweden in Spitz ein, blieben 13 Tage lang, töteten und plünderten. 1.500 Pferde wurden beschlagnahmt. Über ein Jahr lang saß General Torstenson als gefürchteter Zwingherr von Krems im Steiner Kloster Und, nachdem er zuvor Dürnstein in Brand gesteckt hatte. Endlich doch zum Rückzug gezwungen, bekam die Wachau mit zerstörten Häusern und verwüsteten Weingärten noch einmal den Zorn der schwedischen Regimenter zu spüren.

Während der beiden Türkenbelagerungen Wiens kamen die Osmanischen Reiter auf der Suche nach Beute auch ins Donautal – allerdings stießen sie auch auf Widerstand. Auf einem Kupferstich von Melchior Küsel aus dem Jahr 1668 wird – wohl auch nachträglich heroisierend – vom Sturm auf Göttweig berichtet:

„Sambt etlich wenigen Unterthanen (weil die Officier Ihne verlassen) mit Pixen versehen, Persönlich auf die Mauer gestigen und durch tapfers Feuergeben den Starcken Feind So wohl von dem Closter, alls umligenden Dörffern in die Flucht gejaget. In dem negsten Marckht Furth, alss die Türcken ein verschlos-

Friedliche Zeugen konfliktreicher Zeiten: Die Gegenreformation erzwang die Übergabe des Protestantischen Friedhofs von Spitz an die Katholiken. Auch im Gotteshaus von Weißenkirchen war bald wieder klar, wo Gott zu wohnen hat.

sene Hauss Thür allda aufrennen wollen, hat ein Mädel mit einem Bradt Spiess ainen derselben erstochen: Darauf die anderen Bra Bra geschriren und die Flucht genommen."

Tatsächlich konnte Göttweig dem Türkensturm widerstehen.

Als dann endlich Wien mit vereinten Kräften befreit werden sollte, wartete Kaiser Leopold I., aus der Residenz in die Wachau, ins Schloss Dürnstein geflohen, zögerlich ab. Nur zu gerne wäre er an der Spitze siegreicher Truppen eingeritten, aber es war wohl doch klüger, diesen Triumph dem bekanntermaßen ruhmsüchtigen Polenkönig Sobieski zu überlassen.

Nach zwei Jahrhunderten Streit, Krieg und Zerstörung, Pestepidemien und einem schädlichen Klimawandel war die Wachau verarmt und entvölkert. Aus Emmersdorf wird berichtet, dass der Schneider Tobias Gäbinger, dessen ganze Familie ausgestorben war, im Garten begraben werden musste – „leider aus Mangel an Leuth".

Mutig in die neuen Zeiten ...

In einem Vertrag vom 9. Juni 1701 wurde zwischen dem Abt von Melk und Jacob Prandtauer vereinbart

„... solle Er, so oft es die Noth erfordert, wenigstens aber im Jahr zwainzigmahl auf seinen Umkosten herauf raisen, umb zue zusehen, ob die Arbeith gebührent verricht werde ... die Materialien wird Er Baumaister seiner Kunst nach also anzuwendten wissen, damit darbey nichts verschwendet werde."

Im Diarium Gottvicense, dem Göttweiger Tagebuch, wird für das Jahr 1728 angemerkt: „Die Armut hatte so zahlreich überhand genommen, daß Häuser leer und verlassen, Arme ohne Kleidung und Nahrung allenthalben anzutreffen." Es wird aber auch immer wieder von guten Erntejahren berichtet: Große Mengen, „vinum primum", „vinum Nobile et Preciosum", „vinum preacelentissimum". Dennoch fanden sich wegen der herrschenden Geldnot nur wenige Käufer.

Schlechte Zeiten, knauseriges Dürnstein: Im „Prothocols Raputatus 1670 bis 1672“ steht vermerkt, dass der „Nacht Wachter“ statt der begehrten 20 fl. „aufs ganze Jahr“ nur 16 fl. bekomme, aber dazu „ein parr Schurch Zu laufen“.

Eine zwiespältige Entwicklung hatte eingesetzt: Seit die katholische Kirche, mit dem Staat in holder Eintracht verbunden, wieder das Sagen hatte und in ruhigeren Zeiten planvolles und vorausblickendes Wirtschaften möglich war, sicherte der Wein in den Klosterkellern erfreuliche Einkünfte. Es konnte wieder investiert werden. Im Sog dieser Entwicklung erholte sich zwar auch der Bauernstand ein wenig, aber mit dem guten Leben vergangener Zeiten war es vorbei. Als bedenkliches Indiz für den Mangel an gelebter Identität im Weinland mag auch gelten, dass nunmehr in Krems – horribile dictu – Bier gebraut wurde. Außerdem gab es so zwischendurch ja doch wieder Waffenlärm. Der österreichische Erbfolgekrieg ließ in der Gegend von Dürnstein bayerische und französische Truppen bedrohlich näherrücken. Die Gefahr entfachte einfallsreiche Tatkraft in den Köpfen der wenigen Bewohner: Sie ließen schwarz angestrichene Brunnenrohre über die Mauer ragen, Männer wie Frauen liefen unter Hornstößen und Trommelwirbel auf den Wehrgängen hin und her und schwenkten aufmüpfig weiße Federhüte. Der Feind stutzte und suchte das Weite.

Noch immer war die Wachau eine fest gefügte Arbeitswelt, aufgeteilt zwischen der Kirche, ihren Verwaltern, Bauern und Bürgern mit deren Amtsorganen, und jenen, die mit der Donau ihr Geld verdienten. Doch allmählich wehte auch ein Hauch von künstlerischer Leichtigkeit durchs Tal, ganz abgesehen von jenen Meistern, die für barocke Prachtentfaltung ins Land geholt wurden. In Stein wurde es einer aus Mähren kommenden „Hochteutschen Comediantenbanda“ gestattet, vor dem Rathaus aufzutreten. Dem fahrenden Volk wurde fast schon erstaunt attestiert, dass es doch „ganz wohl aufgeführet und derentwillen sich keine Klag oder Beschwär geäußert habe“.

Leopold Mozart reist mit dem sechsjährigen Wolfgang und dessen Schwester Nannerl zu Schiff durch die Wachau gen Wien. Dass 38 Jahre später in Stein jener Botaniker und Mineraloge zur Welt kommen sollte, der mit dem Werkskatalog seines Namens – Köchl – berühmt werden sollte, konnte Familie Mozart nicht ahnen. Der deutsche Schriftsteller Ernst Moritz Arndt warf ein wohlgefälliges Auge auf die „Abtey“ Stift Melk und notierte: „Sie liegt stattlich da mit kecken Thürmen und Mauern und lacht gleichsam des Stroms, der so arm zu ihren ehernen Füßen zu spielen scheint“.

Barocker Überschwang, schimmernd in Marmor und Gold, hellte im 18. Jahrhundert die Stimmung auch tieferwärts auf, ließ die Farben wieder freundlicher leuchten. Kaiser Franz indes lebte demonstrativ Bescheidenheit vor, düster ahnend, was seinem Volk bevorstand. Zwar besuchte er frohgemut 1803 das neu erworbene Luberegg, war dort aber mit dem Geringsten zufrieden, „wo er, vieler großer Paläste Herr“, wie in der Zeitung zu lesen stand,

Hieronymus Übelbacher war ein Gottesmann von wahrlich barocken Dimensionen: Reich geworden durch Wein und Getreide, ließ er sich ein Kellerschlössl bauen und dann schuf er das Stift und die Kirche in Dürnstein neu.

„in einem kleinen Zimmer genügsam seine Regierungsgeschäfte fortsetzte, zur Erholung die Arbeiten bei der Holzschwemme in Augenschein nahm, oder zu den Orten der Nachbarschaft wandelte, und durch sein Beispiel die Großen der Erde belehrte, welch' angenehmer Lebensgenuß auch für sie in einer Hütte ist, wenn sie die Väter ihres Volkes sind."

Noch im gleichen Jahr traf die Wachau aber trotz kaiserlicher Bescheidenheit ein neuer Schicksalsschlag. Der unaussprechliche und Generationen von Schülern ärgernde Reichsdeputationshauptschluss machte 1803 eine seit Jahrhunderten bestehende Kontinuität zunichte. 112 Reichsstände wurden aufgelöst, fast alle geistlichen Landesherren mussten abdanken. Damit waren die wichtigsten Handelsbeziehungen gekappt, war die Wachau, seit jeher mit der Welt ringsum verbunden, zum isolierten Notstandsgebiet geworden. In den folgenden Jahren trieb Österreich durch die steigende Inflation auf den Staatsbankrott zu. Am 20. Februar 1811 musste Kaiser Franz I., nach wie vor väterlich, diesmal aber streng, das Papiergeld auf ein Fünftel des Wertes abwerten. Bei der Versteigerung des k.k. Staatsärars fehlte es in der Wachau an Finanzkraft, irgendwelche Glücksritter von auswärts schlugen zu. Das bedeutete an die hundert Jahre Niedergang der Weinkultur, Armut und Agonie. Viele Weinterrassen in schwierigeren Lagen verwilderten.

Ohne geistliche Herren und dann auch ohne Kaiser blieb den Menschen in der Wachau ihr Leben mit dem Wein und vielleicht ein schmaler Zugewinn: Steckerlfische für erste Gäste im Lande.

Dürnstein, schon recht armselig gewesen, putzte sich nach und nach heraus. Immerhin war die Wachau trotz aller Probleme eine wunderschöne Landschaft mit Menschen, die sich durchaus sehen und hören lassen konnten.

Doch die Wachau war immer noch schön.

Nicht zuletzt hat auch der Mangel an Möglichkeiten dazu beigetragen, uralte Strukturen zu erhalten, Schicht auf Schicht zu legen, ohne den Untergrund völlig zu verdecken. Die Vergangenheit bleibt in den Strukturen der Ortschaften und in der Form der Parzellen sichtbar. Viele Häuser überformten ihren mittelalterlichen Baukern, wurden ausgebaut, aufgestockt, mit behäbigen Steinbögen über den Toren versehen. Solche Gebäude vermitteln gelassene Beständigkeit, drücken Sinn für Qualität und Ästhetik aus. Die Häuser folgen gewichtig und doch leichthin mit vielfach geknickten oder gebogenen Fassaden den Krümmungen der Gassen und Wege. Bäuerliche und bürgerliche Lebensformen stehen nebeneinander, verbinden und vermischen sich. Die Verkehrswege sind eng, aber Fuhrwerke kommen gerade noch zurecht und passen in die Toreinfahrten. Vor allem im 16. Jahrhundert hatte es Freude gemacht, zu zeigen, wer man war und was man sich leisten konnte, auch wenn die große Geste dabei zur bemühten Nachahmung geriet. Die Arkadengänge von Schlössern wurden in Bürgerhäusern zu niedlichen Korridoren, grazile Säulen finden sich dick und derb in stattlichen Bauernhöfen wieder. Aber auch die finstere Optik von Burgen durfte im Kanon der Gestaltungselemente nicht fehlen. Wehrhafter Stolz, nur unwillig dem Gebot der Herrschaft gehorchend ... das war schon was. Solche Häuser und solche Ortsbilder verlieren auch nicht an Qualität und Würde, wenn sie hinfällig werden. Dem gegenüber, damit verbunden, gab es die repräsentative, heitere Welt der Lesehöfe, der Klöster und Kirchen.

Als im 19. Jahrhundert Reiseschriftsteller immer häufiger in die Wachau kamen, und auf ihren Spuren die Künstler, fanden sie ein in ihren Augen höchst anregendes und berührendes Bild vor: schöner Verfall und edle Armut. Zwischendurch gab es natürlich schon auch Kritik daran, dass diese Gegend so gar keinen Komfort zu bieten hatte. So zog es den lustvoll historisierenden Poeten Robert Hamerling natürlich auch nach Dürnstein, wo er sein hehres Bild von der Vergangenheit allerdings nicht bestätigt sah:

„Ein elendes Nest, armseliger als jedes Dorf. Die Art von Gasthaus, die wir nach langem Suchen in dem romantischen aber öden Felsennest ausfindig machten, hatte uns nicht einmal ein Mittagessen zu bieten, so daß wir zornig und hungrig in der Mittagshitze fürbaß zogen.“

Eben diesem Mangel machte die Familie Thiery mit dem Gasthaus Löwenherz ein Ende, wo sich Künstler aller Art bald wie Zuhause fühlten. Unter den vielen, die schon im Biedermeier die Wachau werbewirksam ins Auge fassten, war auch einer, der

Der althergebrachte Mantelkamin und der Wandel der Zeiten: Einmal, in Rossatz, schwarz, mit ebensolcher Kuchl darunter, dann, weiß, in Weißenkirchen, das Standesamt bergend.

bei allem Kunstsinn neuen Techniken gegenüber höchst aufgeschlossen war. Jakob Alt hatte sich mit in Lithographie hergestellten Donau-Drucken beschäftigt und bekam später von Erzherzog Ferdinand den Auftrag, Bilder für den „Guckkasten" anzufertigen, in dem ein Hohlspiegel die Vision von Räumlichkeit vermittelte. Sein Sohn widmete sich weniger technikbegeistert der Landschaftsmalerei, und seiner jungen Ehefrau. Als er wieder einmal malend in der Wachau weilte, sollte seine Hermine

Im Gasthaus Thiery gaben die „Wachaumaler“ dem aufblühenden Fremdenverkehr im 19. Jahrhundert neue Impulse. Viele von ihnen blieben für den Rest ihres Lebens hier und logieren seitdem auf dem Friedhof von Dürnstein.

Maria so rasch wie möglich nachkommen, auch wenn die Gefahren einer Schiffsreise im Vormärz für ein schwaches Weib offenbar enorm waren. Darum schrieb Alt:

„1. den Passierschein. Auf Deine und meine Bitte wird die Mutter die Güte haben, dir dazu behilflich zu seyn, vielleicht, daß sie mit Dir zur Polizey geht, sintemalen ich es nicht liebe daß Du allein hingingest; dann soll es, glaube ich, nur ein Passierschein auf drei Tage seyn, damit er nichts kostet. ... Die Karte für das Dampfschiff brauchst Du nicht erst in der Stadt zu nehmen, sondern gleich vor der Abfahrt in Nußdorf ... und bitte gleich auf den ersten Platz zu gehen, da sich da eine Damencajüte befindet, wo die Männer nicht Zutritt haben, daher gut für jene Frauen, die allein reisen und nicht immer in Männergesellschaft seyn wollen; was ich Dich bitte, besonders zu berücksichtigen ... So hätte ich Dir denn alles Nöthige, glaube ich, aufnotirt, was eine Reiseanfängerin, wie Du, bedarf; Daß Du in Deinem Benehmen, liebe Hermine, als alleinreisende Frau! auf dem Dampfschiffe in Gesellschaft der Männer, die bey solchen Gelegenheiten gewöhnlich sehr zudringlich sind und gerne kleine Liebesabentheuer ausspinnen, dem Anstande gemäß und als meine Gattin auf mein Ehre immer nur bedacht seyn wirst bin ich bei Deiner ausschließlichen, innigen Liebe überzeugt.“

Der künstlerisch wertvolle Fremdenverkehr in der Wachau erfuhr durch die Revolution 1848 eine schmerzliche Unterbrechung. Nach einer gut zwei Jahrzehnte währenden Schrecksekunde war das Künstlervölkchen aber wieder heiter und reiselustig und damit wuchs die Zahl jener Touristen, die mehr von der großen weiten Welt sehen wollten, als dies bei betulichen Ausflügen rings um Wien möglich war. Zudem hatte Melk nunmehr Anschluss an die „Kaiserin Elisabeth Bahn“, die heutige Westbahn. Damit stand auch dieses Tor in die Wachau den Gästen aus Wien offen. Endlich reagierte sogar ein gewaltig großes und entsprechend schwerfälliges Unternehmen. Die Donaudampfschiffahrtsgesellschaft war damals die größte Binnenrederei der Welt. Aber das Postschiff zwischen Wien und Linz ignorierte die Wachau weitgehend und legte nur in Stein an. Es gelang den heimischen Sektionen des Österreichischen Touristenklubs, die Einrichtung eines lokalen Schiffsverkehrs für die Sommermonate zu bewirken. Das damit verbundene unternehmerische Risiko ließen sich die Herren von der DDSG allerdings großzügig mit der Hinterlegung eines Garantiefonds von 800 Gulden abgelten – und der Gulden war eine Goldmünze. Mit einiger Mühe, der Hilfe aller Gemeinden und wohlmeinender Privatpersonen wurde die Summe aufgebracht. Der Goldschatz blieb unangetastet, denn immer mehr Gäste kamen und schon bald ergingen sich die ersten Reiseführer in – vorsichtigen – Lobpreisungen:

„Gewiß ist die Wachau, die schöne Talenge der Donau zwischen den zwei Niederösterreichischen Städten Krems und Melk, schon heute berühmt und viel besucht – ebenso gewiss ist es aber auch, daß sowohl ihre Berühmtheit, wie auch ihr Besuch alles Anrecht darauf haben, noch eine bedeutende Steigerung zu erfahren. Ist sie doch für jeden unbefangenen Kenner durch den mannigfaltigen Reiz ihrer Landschaft, vom intim Lieblichen, bis zur wildernsten Größe der so unendlich gefeierten Rheinfahrt von Bonn bis Bingen ebenbürtig, ja überlegen, denn sie hat von ihren Höhen aus auch noch den Blick auf die nahe Alpenkette voraus."

Auch das von Hamerling noch so arg gescholtene Dürnstein hatte sich innerhalb weniger Jahrzehnte ordentlich herausgeputzt:

„Für den Sommergast ist in Dürnstein in trefflichster Weise vorgesorgt. Vier Gasthäuser bieten behagliche Unterkunft und tadellose Verpflegung, außerdem sind Sommerwohnungen in Privathäusern erhältlich. Alle erforderlichen Lebensmittel können im Ort besorgt werden. Ein Arzt befindet sich in dem gegenüber am rechten Donauufer gelegenen Rossatz. Die Stadt hat Post- und Telegraphenamt, ist kana-

Der Bahnhof Melk brachte Wien und die Wachau auch nach Höhenmetern näher. Der untere Rand der Tafel zeigt eine weitere Markierung: Hochwasser.

lisiert und beleuchtet. Eine Quellenleitung, welche jüngst gebaut wurde, liefert vorzügliches Trinkwasser. Donau-, Sand- und Sonnenbäder (im Freien) gratis.“

Die Erste Donaudampfschiffahrtsgesellschaft hatte überdies ihre vorsichtige Haltung bald aufgegeben und steuerte schon 1910 in lobenswerter Konsequenz fast alle Orte in der Wachau an: eine nautische Beflissenheit, die heutige Schifffahrtsunternehmen leider vermissen lassen.

Seit immer mehr Gäste ins Land kamen, gewann auch die Schifffahrt in der Wachau eine neue Dimension: Die Flussfahrt als Lustfahrt – sei es die Flotte der DDSG oder die kleine Segeljacht des kleinen Mannes.

Um den Gästen noch mehr zu bieten, wurde überdies der schöne, noch heute geübte Brauch des Sonnwendfeuers neu und geradezu bombastisch inszeniert. Ein Reiseführer notiert sichtlich beeindruckt:

„Wenn die Sonne hinter dem Berg verschwunden ist, und die Nacht ihre schwarzen Fittiche über das Tal breitet, leuchtet es von allen Höhen und längs der Ufer in rotgelben Flackerfeuern auf, Raketen schwirren in die Luft und verteilen sich in einer

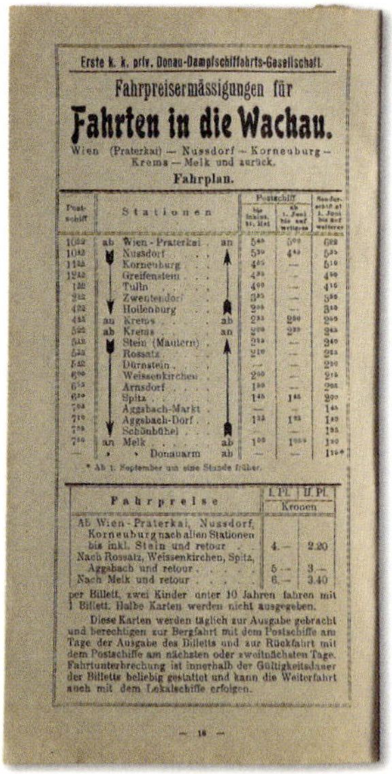
Erste k. k. priv. Donau-Dampfschiffahrts-Gesellschaft.

Fahrpreisermässigungen für

Fahrten in die Wachau.

Wien (Praterkai) — Nussdorf — Korneuburg — Krems — Melk und zurück.

Fahrplan.

Postschiff		Stationen		Postschiff bis inklus. 31. Mai	Postschiff ab 1. Juni bis auf weiteres	Sonderschiff ab 1. Juni bis auf weiteres
10^{22}	ab	Wien-Praterkai	an	5^{45}	5^{00}	6^{00}
10^{42}	↓	Nussdorf	↑	5^{30}	4^{45}	5^{35}
11^{45}	↓	Korneuburg	↑	4^{55}	—	5^{10}
12^{45}	↓	Greifenstein	↑	4^{35}	—	4^{50}
1^{30}	↓	Tulln	↑	4^{00}	—	4^{15}
2^{25}	↓	Zwentendorf	↑	3^{35}	—	3^{55}
4^{25}	↓	Hollenburg	↑	2^{55}	—	3^{10}
4^{45}	an	Krems	ab	2^{35}	2^{00}	2^{45}
5^{25}	ab	Krems	an	2^{20}	2^{35}	2^{45}
5^{35}	↓	Stein (Mautern)	↑	2^{15}	—	2^{40}
5^{45}	↓	Rossatz	↑	2^{10}	—	2^{35}
5^{55}	↓	Dürnstein	↑	—	—	2^{30}
6^{00}	↓	Weissenkirchen	↑	2^{00}	—	2^{15}
6^{15}	↓	Arnsdorf	↑	1^{50}	—	2^{05}
6^{30}	↓	Spitz	↑	1^{45}	1^{45}	2^{00}
7^{05}	↓	Aggsbach-Markt	↑	—	—	1^{45}
7^{10}	↓	Aggsbach-Dorf	↑	1^{25}	1^{25}	1^{40}
7^{25}	↓	Schönbühel	↑	—	—	1^{35}
7^{30}	an	Melk	ab	1^{00}	1^{00}*	1^{30}
—	„	„ Donauarm	ab	—	—	1^{15}*

* Ab 1. September um eine Stunde früher.

Fahrpreise	I. Pl. (Kronen)	II. Pl. (Kronen)
Ab Wien-Praterkai, Nussdorf, Korneuburg nach allen Stationen bis inkl. Stein und retour	4.—	2.20
Nach Rossatz, Weissenkirchen, Spitz, Aggsbach und retour	5.—	3.—
Nach Melk und retour	6.—	3.40

per Billett, zwei Kinder unter 10 Jahren fahren mit 1 Billett. Halbe Karten werden nicht ausgegeben.

Diese Karten werden täglich zur Ausgabe gebracht und berechtigen zur Bergfahrt mit dem Postschiffe am Tage der Ausgabe des Billetts und zur Rückfahrt mit dem Postschiffe am nächsten oder zweitnächsten Tage. Fahrtunterbrechung ist innerhalb der Gültigkeitsdauer der Billetts beliebig gestattet und kann die Weiterfahrt auch mit dem Lokalschiffe erfolgen.

— 16 —

100 Jahre Dampfschifffahrt ... das war schon eine Sonderpostkarte mit Sondermarke wert, abgestempelt am Schiffsschalter. Und der ambitionierte Fahrplan aus dem Jahre 1910 möge den heutigen Unternehmern Mahnung und Vorbild sein.

Glorie farbiger Sterne, Feuerräder sprühen und drehen sich in tollem Wirbel, bengalische Flammen zucken auf und übergießen die lange Stromfront und die Türme der Stadt, mit blutroten, azurblauen und hellgrünen Wellen, Kähne, mit bunten Lampions behängt, stehen vertaut mitten im reißenden Gewässer oder huschen in schräger Richtung von Ufer zu Ufer, die rauschenden Klänge der Militärmusik zwingen die tausendköpfige Menge zu fröhlichem Marschschritte, und dann ... und dann? Dann hellt sich's dort, wo der Strom aus den Bergen mächtig hervorbricht, dämmernd auf, immer lichter wird der Schein, als schwämme der Goldhort der Amelunge über den Wassern einher, immer näher kommt das geheimnisvolle Leuchten, und nun löst es sich in hundert und aberhundert schwimmende Lichtlein auf, die sich neckisch-schäkernd umtanzen ..."

So musste es denn geschehen, dass auch das Kaiserpaar huldvolle Blicke auf diese aufblühende, so nachdrücklich ins Licht gesetzte Landschaft warf – und zwar in aller gebotenen Kühnheit vom Wasser aus. Anfangs war diese Lustfahrt noch von unerwünschter Dramatik getrübt worden, als der Dampfer „Franz Joseph" einem Felsen im Strudengau gefährlich nahe kam und leck schlug. Der Kapitän steuerte beherzt das Ufer an und das Herrscherpaar wechselte das Schiff: Die bürgerliche „Hermine" übernahm fröhlich dampfend das Geschäft, während der noble „Franz Joseph“ havariert darnieder lag. Endlich in der Wachau angekommen, war angesichts der festlichen Bemühungen des schlichten Volkes alles vergessen:

„Vor Loiben war am Ufer ein Winzerfest improvisiert. Auf einer von Fässern gebildeten Tribüne stand Bacchus, umgeben von Bäumen mit flatternden Bändern und großen Traubenbehängen; um ihn herum Winzer und Winzerinnen in verschiedenen Gruppen, die Beschäftigung beim Weinbau darstellend; zur Seite eine große Tanzhütte, worin das Brustbild der hohen Kaiserbraut mit Blumen geschmückt hing; ländlich gekleidete Mädchen winkten der hohen Frau den Willkommensgruß zu.“

Noch einmal inszenierte sich das österreichische Kaiserhaus in der Wachau mit Nachdruck, als der Thronfolger Erzherzog Franz Ferdinand 1908 für den Bau der Donauuferbahn mittels elektrischer Zündung 3.675 kg Dynamit zur Detonation brachte – standesgemäß von Schloss Dürnstein aus. Sechs Jahre später krachten die Schüsse von Sarajevo.

1918 weigerten sich dann zwei befreundete Männer der Kunst, das Sterben der Monarchie mit dem Untergang Österreichs gleichzusetzen, schon gar, wenn es die Kultur im Lande betraf. Der Schriftsteller und Musikautor Helmut A. Fiechtner bereiste mit Max Reinhardt auf der Suche nach einem Auf-

Schlechte Zeiten, schlechtes Geld: Auch in der Wachau mussten Gemeinden in den 20er Jahren des 20. Jahrhunderts mit papierenen Versprechen aushelfen. Immerhin: auch Gelegenheit für Fremdenverkehrswerbung.

führungsort des „Jedermann“ auch die Wachau. In Dürnstein angekommen, hielten die beiden ergriffen inne: Das herrliche Stift, das von Steinfiguren flankierte Barockportal – was für eine Kulisse! Dann ließen sie sich auf einer sanft besonnten Terrasse hoch über dem Strom den Wein schmecken und alles gefiel ihnen noch besser. Kurz entschlossen wurde der Abt aufgesucht, um ein Bündnis zu schmieden. Dürnstein blieb dann aber doch nur eine Station auf dem Weg nach Salzburg.

Wachauer Festspiele brauchte das Land! Nichts Elitäres, aber Edles, der Natur wie der Kunst innig verbunden, belehrend, vergnüglich und betörend.

Knapp vorbei ist zwar auch daneben, aber es gab ja immer noch die Möglichkeit, nach feiner Maßanfertigung zu greifen, und zwar mit beiden Händen. Wachauer Festspiele brauchte das Land! Nichts Elitäres, aber Edles, der Natur wie der Kunst innig verbunden, belehrend, vergnüglich und betörend. Die große, theatralische Gebärde sollte weit ausholen, mit verschwenderischer Hand üppige Bilder malen, in unerhörte Klangfülle gebettet. Für ein solches Vorhaben waren 120 Mitwirkende gerade ausreichend, viele davon Laiendarsteller. Für das musikalische Volumen sorgten Klangkörper wie die Kapelle des Inf. Reg. Nr. 6. und der Gesang- und Orchesterverein Krems, wie auch Anne Maria Lischkes engelsgleicher Alt. Fehlte nur noch ein Dichter, dem Würde, Wissen und Frohsinn zu eigen waren. Der Klosterneuburger Chorherr Prof. Dr. Vinzenz Oskar Ludwig konnte gewonnen werden – übrigens nicht nur Schriftsteller und launiger Wissensvermittler, sondern auch einer, der mutig das Gebot der Nächstenliebe lebte: An die 500 Jüdinnen und Juden konnte er in der Zeit des Nationalsozialismus die Flucht ermöglichen, indem er ihnen Taufscheine ausstellte. Wie auch immer: Der Marktplatz von Spitz wurde zur Bühne erklärt, zur Seite stand dem Dichter der erfahrene Theatermann Hans Herrdegen. Und schon nahmen die Dinge ihren Lauf. Ein schulmeisterlicher „Chronist", schelmisch scherzend von einer „lustigen Person" begleitet, begibt sich anfangs scheu, doch begehrlich auf die Suche ...

„*(geheimnisvoll)* Der Schutzgeist der Wachau, die reizende Wachhilde, in diesem schönen Lande herrscht mit treuer Milde, doch alle sieben Jahr' durch unsern Spitzer Gau als Mädchen unerkannt, zieht die vielholde Frau. Wer als ein Sonntagskind vom Schicksal ist erlesen und sie erkennt, kann alle ihre Zauber lösen, die Schleier heben von dem Antlitz der Wachau, dass jeder, der die Heimat liebt, sie klar erschau'. Nun tat nach langem Hoffen mir ein Traum verkünden, mir wird zuteil das Glück, ich sollt sie heut' noch finden. So such ich ruh'los schon den ganzen lieben Tag, ob ich in einem Mädchen sie entdecken mag –

Viel Geschichte, Musik und Getöse, noch viel mehr Statisten: Das Wachauspiel in Spitz, 1927 in verschwenderischer Opulenz inszeniert und stürmisch bejubelt, blieb ein Erfolg ohne Fortsetzung.

bisher umsonst! Mein Suchen und mein vieles Fragen, hat leider mir genug des Spottes eingetragen.

Lustige Person *(für sich)*: Mir scheint, da stimmts nicht recht, den habens grüßen lassen ...

(Wachhilde und zwei Mädchen kommen über den Platz und wollen in die Kirche gehen. Wachhilde ist wie die beiden anderen als Wachauerin im Sonntagsstaat gekleidet.)

Chronist: Da kommen die drei! Nur nichts verpassen! *(geht auf die drei zu)* Halt! Holla! He! Ich bitte, meine Damen, darf ich Sie fragen um die werten Namen?

(Die drei Mädchen brechen in heiteres Lachen aus und gehen rasch weiter der Kirche zu.)

Lustige Person: Verflixt, die Mädeln sind aber fein, die brauchen nicht erst entzaubert zu sein!

Chronist: Bei allen guten Geistern, nun ist sie wirklich da! Wachhilde ist's, wie ich im Traum sie sah! *(Mit erhobenen Händen beschwörend)* Wachhilde! - - -

(Die drei Mädchen sind gerade unters Kirchentor gekommen. Die mittlere von ihnen, Wachhilde, – wie sie des Chronisten Ruf hört – stutzt, schwankt ein wenig, so daß die Gefährtinnen sich an sie drängen, um sie zu stützen. Wachhilde hat sich umgedreht, und steht nun in kurzgeschürztem, einfachen, einer Blüte nachbildenden Feenkostüm im Tor der Kirche, aus dem sie ein wenig heraustritt. Die beiden anderen Mädchen sind in der Kirche verschwunden. Sie hält ein nicht allzu großes, aber dickleibiges Chronikbuch in den Händen. Der Chronist nähert sich ihr in Ehrfurcht, die lustige Person in heiterem Interesse.)

Wachhilde: Heil Euch, die Ihr von Nah und fern gewallt in dieses Tal, heil allen, die mir zugetan, dem Meister allzumal! *(Zeigt auf den Chronisten)*

Er wird die Runen deuten, die rings verstreut im Land, Euch führen durch die Zeiten, die Zeiten an seiner kundgen Hand! *(Gibt dem Chronisten das Buch, das er kniend empfängt.)*"*

Wachhilde, nunmehr kurz geschürzt, der Chronist, nunmehr im Bilde ... die Reise durch die Jahrhunderte, ach was, Jahrtausende kann beginnen: die Venus von Willendorf, Römer, Germanen, die Nibelungen, geschickt mit Hilfe der lustigen Person übersprungen, (Ersparet uns die lange Fahrt zum Etzel ...), Völkerwanderung, Kreuzzüge, Richard Löwenherz, Kuenringer, aufmüpfige Bauern, (Dös laß ma uns niat bieten!), der Dreißigjährige Krieg, Friede zwischendurch (Da schallt es jubelnd laut mit frischem Übermut/du liebliche Wachau, da gings dir wieder gut!), Maria Theresia, befreite Bauern, geschlagene Franzosen, Biedermeier, Ludwig Uhland und: „Zu Ende ist's, der Thespiskarren ist am Ziel!"

Rauschender Applaus des freudig erregten Publikums.

Das erste Wachauspiel war dennoch das letzte seiner Art. Zu trübe waren die Zeiten, zu flüchtig war der Geldeswert.

* Aus dem ersten Wachauspiel im Jahr 1927, Abdruck mit freundlicher Genehmigung des Chorherrenstiftes Klosterneuburg

Nach dem Albtraum

1910 wählte ein gewisser Adolf Hitler Weißenkirchen als Motiv für ein Aquarell von zweifelhafter Qualität. 1939 machte er Krems, um 17 Gemeinden erweitert, zur Gauhauptstadt Niederösterreichs. Auch Stift Göttweig ging in das Eigentum der Stadt über. Der 2. April 1945 brachte zwei amerikanische Bombenangriffe auf Krems, es gab viele Tote. Am 9. Mai zogen kampflos russische Besatzungssoldaten ein.

Ja, und da war dann noch ein gewisser Martin Costa. Er hatte ein Lustspiel geschrieben, das 1942 in Prag uraufgeführt wurde. Damals war im Programmheft Franz Füssel als Autor genannt, weil der Jude Costa im Dritten Reich Berufsverbot hatte. Als sein Stück 1945 in die Josefstadt kam, durfte er schon wieder heißen, wie er hieß, erst recht 1947, als der Stoff als Heimatfilm ins Kino kam, immer noch unter dem Titel „Der Hofrat Geiger“. Darum geht's: Der Herr Hofrat wurde 1938 von den neuen Machthabern in die Frühpension gezwungen. Das kränkt ihn, ehrt ihn aber auch. Dass er in jungen Jahren

Was tun, wenn es 1944 an allem fehlte, nur nicht an tapferer Lebenslust? Die ambulante Buschenschank fand überall Platz zwischen den Reben und die wohlgerundete Einkaufstasche hielt hoffentlich, was sie versprach.

ein Kind zeugte und die Mutter samt Säugling in der Wachau zurückließ, ehrt ihn weniger, verdüstert aber keineswegs sein Gemüt, weil er ja noch nicht weiß, dass sein lustvolles Tun Folgen hatte. Doch wo ein treuer Diener seines Herren, Ferdinand Lechner mit Namen, waltet, kommt Bewegung in den Ruhestand und Licht ins private Dunkel. Dem amtlichen Identitätsverlust begegnet das rührige Faktotum mit einer barmherzigen Lüge und einer so halbwegs ehrenhaften Entwendung. Er behauptet, dass Geigers – natürlich unfähiger – Nachfolger für Hilfe unendlich dankbar wäre, bringt arglistig Akten an sich und übergibt sie dem Herrn Hofrat zur Bearbeitung. Nun kommt der Zufall, des Lustspielautors liebstes Kind, ins Spiel: Erst liest der Herr Hofrat in den Akten und dann unvermutet in der eigenen Biographie: Marianne Mühlhuber ist die Mutter einer Marianne Mühlhuber, die nur deshalb nicht Marianne Geiger heißt, weil ihr Vater dazumalen das Weite suchte. Plötzlich weiß sich der Hofrat mit dem Nachkriegs-Österreich eines Sinnes: Ihm ist nach Wiedergutmachung. Allerdings gibt es hierzulande auch viele, die dieses Wort nicht mehr hören können, weil es gar so seicht und scheinheilig daherkommt. Wie auch immer: Franz Geiger begibt sich bewegten Gemütes in die Wachau, nach Spitz. Als er gesenkten Hauptes und voll des guten Willens vor Marianne tritt, bleibt sie kühl bis ans Herz hinan. Angesichts einer bitteren Vergangenheit lässt für sie die graue Gegenwart wenig Hoffnung auf eine freundliche Zukunft übrig. Nach dem hofrätlichen Fehltritt musste sie froh sein, samt Kind gegen Kost und Quartier als Wirtschafterin im Gasthaus „Blaue Gans“ unterzukommen. Aber auch der Wirt hat Sorgen: Die Gäste bleiben aus, es fehlt an allem, nur Schulden gibt es reichlich. Zu allem Überdruss verlieben sich der Habenichts von Hausdiener Hans und Mariannes Tochter heftig ineinander. Deren Mutter glaubt zu wissen, was passieren wird: wieder ein uneheliches Kind, wieder ein verkrachtes Leben. Da hält sie es schon lieber mit wenig lustbetonter Vernunft: Ihre Tochter möge sich doch lieber einen suchen, der was hat und der was kann. Sie selbst ist ja auch nicht völlig abgeneigt, dem heftigen Werben von Matthias Pfrüller nachzugeben – immerhin ist er Fleischhauer und Bürgermeister, hat ein prächtiges Wirtshaus und kennt Gott und die Welt. Franz Geiger ist schon bereit einzusehen, dass die Scherben wohl nicht mehr zu kitten sein werden, als er seiner Tochter begegnet, die nicht weiß, dass sie ihrem liederlichen Vater gegenübersteht. In diesem Augenblick fällt eine in der Tradition österreichischer Hofräte geradezu revolutionäre Entscheidung: Es muss was geschehen! Jawohl, mit Rufzeichen. Aber da zieht Herr Pfrüller mit lässigem Biedersinn eine geheime Trumpfkarte aus dem Ärmel: Die von ihm umworbene Marianne ist nicht nur arm, sie ist nicht einmal eine Österreicherin, weil nach Znaim zuständig.

Nachkriegszeit, 1947, wenig zu beißen und wenig zu hoffen, aber im Film war die rot-weiß-rote Welt schon wieder heil, so halbwegs, immerhin. Ein Hofrat, ein Mariandl, die Wachau und ein glückliches Ende …

Eine Heirat mit einem wohlhabenden Österreicher würde aber alles ändern, und ein Prachtexemplar dieser Sorte trüge nun einmal den Namen Matthias Pfrüller. Die so Bedrängte will aber diesmal das Schicksal in ihrer eigenen Hand behalten. Sie überredet Franz Geiger zu einer Scheinehe. Nach diesem Bruch mit allem, was einem österreichischen Staatsdiener heilig sein sollte, ist auch der Herr Hofrat in der Wahl seiner Mittel nicht mehr zimperlich. Doch mehr davon später. Marianne indes möchte ihren vorgeschobenen Ehemann ehest möglich beiseiteschieben und fährt nach Wien, um dort die Staatsbürgerschaft zu beantragen. Der Amtsweg erweist sich als steinig und will kein Ende nehmen. Vor allem aber führt er über den Schreibtisch eines gewissen Hofrat Geiger und dieser bearbeitet den Akt, indem er ihn liegen lässt. Nach einem Jahr kehren Marianne und ihr scheinbarer Ehemann nach Spitz zurück, „wegen dem Pfrüller und wegen der Leut". Sie kommt aus dem Staunen nicht heraus und ihr Begleiter nickt befriedigt. Die schön herausgeputzte „Blaue Gans" ist voller Gäste, Hans und Mariandl sind glücklich verheiratet und haben eine Tochter, die, na ja, Mariandl heißt. Der Hofrat, dieser Schelm, hat heimlich organisiert, renoviert, finanziert und intrigiert. Marianne ärgert sich über ihre Statistinnenrolle in diesem Männertheater. Doch dann eröffnet sich ihr das hofrätliche Herz und es ist amtlich: Nur die Liebe war's, die ihn so handeln ließ.

Dies, wird wohl jeder verstehen, ändert natürlich alles.

Ein filmisches Nachkriegsmärchen, fürwahr! Maria Andergast sang so oft wie nur irgendwie möglich das Lied vom Mariandl, ihre Filmtochter, Waltraud Haas, war herzzerreißend lieb und begann folgerichtig eine große Karriere, dazu Paul Hörbiger als Hofrat Geiger ... da konnte kein Auge trocken bleiben. Es musste also weiter gemariandelt werden. 1962 wurde eine leicht veränderte Neufassung gedreht. Frau Haas mutierte, gereift, zur eigenen Mutter, die mit Rudolf Prack nur zu gerne vorliebnahm, und als ihre Filmtochter war „Conny“, Cornelia Froboess, einfach unumgänglich. Und es ging weiter mit neuen Filmen. Die Wachau war zum Mariandlland geworden, vielen, aber nicht allen zur Freude.

Mit diesen, gemessen an späteren Produktionen noch recht gehaltvollen, erstklassig besetzten Heimatfilmen gelang es aber auch, das schändlich missbrauchte Wort „Heimat“ wieder fast unbefangen in den Mund zu nehmen.

1947, als alles anfing, hatte Österreich außerhalb der Kinos nur wenig zu lachen. Die Bundesbahn stellte den Verkehr wegen Kohlemangels ein, die Menschen mussten mit 1.700 Kalorien am Tag auskommen – zuvor war es noch weniger gewesen. Die Niederösterreicher hatten einen Katastrophenwinter zu überstehen, die

Die Welt sei gefälligst nicht, wie sie ist, sondern so, wie wir sie gerne sehen. Was tut also die fröhliche Wachauer Familie nach dem Kriege? Sie sitzt im Sonntagsstaat in der blitzsauberen Landschaft und glaubt an die Zukunft.

Bauern waren zu „Notopfern" aufgerufen, die Zahl der TBC-Kranken nahm beängstigend zu – und die Kuppel der Melker Stiftskirche brannte. Die hölzerne Dachkonstruktion wurde zerstört, aber das Gewölbe stürzte nicht ein und damit blieb das Fresko von Johann Michael Rottmayr erhalten. Im Film wurde diese Zeit der Not nicht geleugnet, doch mit leichter Geste in den Hintergrund geschoben. So konnte des Herrn Hofrats Frühstücksei zuweilen eben doch nur über den Schleichhandel besorgt werden. Mit diesen, gemessen an späteren Produktionen noch recht gehaltvollen, erstklassig besetzten Heimatfilmen gelang es aber auch, das schändlich missbrauchte Wort „Heimat“ wieder fast unbefangen in den Mund zu nehmen. Und es gab allmählich auch in der Wachau wieder Gäste, die sich hier wohlfühlten oder gar eine zweite Heimat fanden, auch solche, deren Vorfahren Österreich unter sehr hässlichen Umständen verlassen hatten müssen. Aber die Wachau war russische Besatzungszone, mit allen negativen Begleitumständen. Erst 1952 gelang es nach schwierigen Verhandlungen und unter strengen Auflagen, wieder einen Schiffsverkehr auf der Donau einzurichten. Am 12. Juli begleiteten Böllerschüsse und Glockengeläut die erste Fahrt des Salondampfers „Stadt Wien“ von Linz nach Wien.

In den Mariandl-Filmen wurde weder die Vergangenheit bewältigt, noch ein glaubhafter Weg in die Zukunft gewiesen. Aber das Märchen von einer bildschönen Welt, überwiegend bevölkert von netten Menschen, kam nach und nach der Wirklichkeit ein wenig näher. Heute sind der Tourismus und der Wein die weitaus wichtigsten Wirtschaftszweige im Lande, und ausreichend prosperierend für ein gutes Leben, möchte man so meinen. Aber auch in der Wachau gibt es Abwanderung, zu wenige Arbeitsplätze, junge Menschen, die für sich keine Perspektive sehen. Manchmal gelingt es, altem Gemäuer einen neuen Sinn zu geben. Nicht selten wird jedoch ein in stolzer Tradition mit der Wachau verbundenes Haus zum Objekt der Begierde für irgendwelche Investoren, andere Häuser sind nur noch Kulisse, finstere Fassaden als Versatzstücke einer sehr vergangenen Vergangenheit. Es bleibt keine Zeit, sich zufrieden zurückzulehnen, auch nicht in einer weltberühmten Region mit einem international geschätzten Produkt.

Mariandls Anteil am Weg der Wachau aus der Nachkriegszeit in eine hellere Zukunft ist jedenfalls unbestritten. Einen der wichtigsten Drehorte gibt es übrigens noch heute, und es gibt ihn schon sehr lange. Schon 1910 ließ Carl Maintinger in Spitz ein „Touristenheim" errichten, das erste Hotel in der Wachau. Gut ein Jahrzehnt später gab sich das Gebäude als „Hotel-Restaurant Mieslingtal" schon vornehmer, lockte mit Autogarage, Fernsprecher, Wiener sowie französischer Küche, Rodelbahnen und Jagdgelegenheit. Seit 1947 wurde in diesem Haus immer wieder gedreht und die Umbenennung in „Hotel Mariandl" konnte nicht ausbleiben. Dass Waltraud Haas die Stätte ihres ersten Triumphes lieb gewann und noch heute sehr mag, kann nicht verwundern. Auch Gunther Philipp erklärte das Mariandl für viele Jahre zu seinem zweiten Wohnzimmer. Heute teilt das Haus mit seinen Gästen die Freude, sachte und vergnügt aus der Zeit gefallen zu sein. Eine mit leichter Hand bereitete Melange aus unzähligen Erinnerungsstücken, der Scheinwelt des

Das Hotel Mariandl in Spitz macht erst gar nicht den Versuch, seiner filmischen Vergangenheit zu entgehen, sondern trägt sie frohgemut in die Gegenwart und in eine Zukunft, die natürlich ein wenig von gestern sein wird.

Filmes und der behaglichen Kontinuität einer in über hundert Jahren geübten Gastlichkeit finden sich in einer Gegenwart wieder, die nicht von gestern ist, aber tief in der Zeit wurzelt. Und natürlich gibt es auch ein atmosphärisch stimmiges Kino mit einem – irgendwie vorhersehbaren – Spielplan und einer Perolinspritze. Für die Jüngeren: In der (gar nicht so guten) alten Kinozeit wurden die Säle kaum gelüftet, und im Laufe der Vorstellung verdichtete sich nicht nur die Handlung, sondern auch die Atemluft. Es roch deutlicher als erwünscht nach Mensch. Zeit also für einen großen Auftritt abseits der Leinwand: Ein Sprühgerät wurde in Stellung gebracht, ein befreiendes „Pffft" durchwehte den Saal und schon geriet dieser olfaktorische Gegenangriff zur Illusion von Frische. Zum „Mariandl" gehört auch noch der felsige Steilhang des Arzberges – „Arz" weil hier Eisenerz und Kupfererz abgebaut wurden. Das kleine Weingebirge ist fröhlich dekoriert, hat ein luftiges Salettl für bergerprobte Gäste obendrauf und einen Wachauer Naturgarten. Was will man mehr ...

Ach ja, bevor ich es vergesse: Im Hotel Mariandl, wo sonst, habe ich auch den anfangs gerühmten roten Roadster in einer der Vitrinen entdeckt, jenes Spielzeugauto, dessen (Spieluhr-)Radio das Lied vom Mariandl spielt. Es gibt eben Klischees, die einen so lange verfolgen, bis man freiwillig an sie glaubt.

Wege

Schon wieder ein Hofrat, diesmal mein Firmpate. Ich war etwa zehn Jahre alt, als ich mit ihm gemeinsam das erste Mal die Wachau sah. Zuvor hatten sich meine Kenntnisse auf ein Gedicht im Lesebuch beschränkt. Ich hab's nach einigem Suchen wiedergefunden und muss es hier einfach wiedergeben, weil es mir als romantisch veranlagtem Knaben wonnevolle Schauer beschert hat. Also, es sei, Hermann Hango: Wachau.

„O Zeit, wo mahnst du stärker
Als hier im Sonnenschein?
Dort oben der alten Dürrenstein,
verfallen Zinn' und Erker
Ein grauer Zahn, ein Burggebein;
Und hier, im allerhellsten Glanz,
Der große Strom, der Wellentanz,
Das Glas mit gold'nem Wein!

Es hat mir einst an Mären
die Mutter viel erzählt,
Vom Löwenherzen gramgequält,
Von edler Treue Währen,
Der reinsten aller Ehren –
‚Wohl jedem, den ihr Geist beseelt‘;
Vom langen Los der Grauen Burg,
wo trübe dämmert Eul' und Lurch
Und Tür und Fenster fehlt.

Was trieb an dieser Stätte
Viel übler Mannen Brut!
Sie raubten gierig Gut und Blut,
Sie spannten eine Kette
der Donau übers Bette
Und haschten mit geringem Mut
Manch reiches, hochbelad'nes Schiff,
Das anlief diesem Eisenriff,
Verfallen ihrer Wut.

Die Mutter wußt' die Kriege,
Die hier durchs Tal gebraust,
Die Feinde all, die bös gehaust,
ob bei Verlust, bei Siege.
Das Kindlein in der Wiege,
die Nonne gottverklaust,
Die Braut am heil'gen Traualtar,
Sie litten tausend Not und Fahr
von grimmer Krieger Faust.“

Das war schon sehr schön. Besonders im Dunklen, vor dem Einschlafen, habe ich mit dramatisch bebender Stimme „ein grauer Zahn, ein Burggebein" deklamiert, und „wo trübe dämmert Eul' und Lurch". Aber auch die „Nonne, gottverklaust" fand ich sehr fantasieanregend. In den 50er Jahren war ich dann eher am Auto meines Firmpaten interessiert, einem Renault 4CV, mit aufregend kurviger Karosserie und einem frech grinsenden Kühlergrill. Wir hatten zuvor die Strafanstalt in Stein besucht, eine Welt, die deutliches Unbehagen in mir auslöste. Aber mein Firmpate war als Beamter der Niederösterreichischen Landesregierung dort für irgendwelche technischen Belange zuständig. Später dann quälten wir uns durch Dürnstein, dessen Verkehrswege auch einem kleinen Auto beinah zum Verhängnis wurden. „Da wird etwas geschehen müssen", murmelte mein Begleiter und konnte damals nicht ahnen, dass diese Notwendigkeit wenige Jahre später ihn betreffen sollte. Heute weiß ich, dass er als erfahrener Beamter durchaus das hofrätliche Instrumentarium zu bedienen wusste. Andererseits war er auch Diplomingenieur und sah es als selbstverständlich an, technisch stets auf der Höhe der Zeit zu sein. Als er dann vor die Aufgabe gestellt wurde, sich an der Planung eines fast 500 Meter langen Tunnels unterhalb von Dürnstein zu beteiligen, suchte er nach einer kurzen Schrecksekunde erst einmal nach ähnlichen Projekten, von denen er lernen konnte.

Noch in den 50er Jahren griffen Dürnsteiner Gendarmen beherzt zum Feldtelefon, wenn es galt, Autos durchs örtliche Nadelöhr zu zwängen. Doch schon vor dem Krieg zeigte sich in Krems, wohin die Reise letztlich ging: ungehemmte Rasanz.

Aber es gab damals kaum welche, zumindest nicht in Österreich. Er wurde dann im Ausland fündig, und es muss ihm gelungen sein, in kurzer Zeit ein bestens versierter Fachmann zu werden. Der Tunnel wurde 1959 eröffnet. Seit damals hat es kaum nennenswerte Umbauten gegeben und bis heute ist dieses Verkehrsbauwerk durchaus zeitgemäß, funktioniert besser als so manches, das später entstand. So neige ich denn jedes Mal, wenn ich Dürnstein unterquere, respektvoll das Haupt gen Döbling, wo der Firmpate vergnügt seine alten Tage verbringt und sich nach wie vor weigert, von gestern zu sein.

Bevor Ende der 50er Jahre die Donauuferstraße gebaut wurde, hielten die Verkehrswege respektvoll Abstand vom Wasser. Die große Römerstraße am südlichen Ufer wandte sich schon bei Melk Aelium Cetium, also St. Pölten zu. Nebenstraßen folgten in einiger Entfernung hinter den Befestigungen den Hängen des Dunkelsteinerwaldes und erreichten bei Aggsbach, Rossatz und Mautern das Donauufer. Dort waren über Jahrhunderte hinweg nur die Treppelwege für die Beförderung der Schiffe stromaufwärts vonnöten. Heute treten hier Radfahrer auf den Spuren rüder Rossknechte in die Pedale, am linken Ufer von einer Straße begleitet, mit der man sich heute abgefunden hat, weil man sie braucht. In der Planungsphase war die Notwendigkeit einer Straße durch die Wachau weitgehend unbestritten. Aber der Blick nach Deutschland, wo zwei Verkehrswege dicht am Ufer den Rhein im Dienste des Fortschritts kanalisierten, stimmte nachdenklich. Doch jene, die auch in Zukunft Strom, Landschaft und Baukultur in versöhnlicher Harmonie wissen wollten, hatten es schwer. Die „technische Erschließung" der Landschaft war damals das Gebot der Stunde. Endlich war wieder Fortschritt zu spüren, rollten die Räder, blitzte der Lack. Auto unser! Die vierrädrigen Traummaschinen brauchten Auslauf in schöner Umgebung. Und es musste rasch gehen, ohne schöngeistig ästhetisierende Umwege, die noch dazu teuer waren. Es wurde also munter drauflos gebaut und euphorisch eröffnet. Auch eine durchaus kritisch reflektierende Reisezeitschrift wie „Merian" jubilierte damals – 1958 – vorsichtig: „Die beklommenen Gemüter können aufatmen". Das Höchsttempo von 60 Stundenkilometern, stand zu lesen, würde zur beschaulichen Bummelei einladen und keineswegs das Ende „dieser stillen, in Pastellfarben hingehauchten Landschaft" bedeuten. Leise Bedenken gab es aber doch. Künftige Menschenmassen könnten beschauliche alte Weinlokale dazu verführen, „mondän" zu werden, und es wäre gar nicht schön, „wenn unter jedem Weidensteckling eine grölende Meute Motorisierter samt Handradios Mittagspause hielte". Außerdem: „Die kleinste alkoholbedingte Abweichung könnte zu einem recht gefährlichen kalten Bad werden".

Wenn schon der guten alten Wachau eine noch bessere neue Uferstraße verordnet wurde, musste es sich die Kirche von St. Michael zur Ehre anrechnen, dass dieser archaische Klotz von Wehrturm ein zeitgemäßes Innenleben bekam.

Heutzutage wird auf der Donauuferstraße weder gebummelt noch gegrölt, es wird ganz banal gefahren, oft genug an der Wachau vorbei. Ein paar flüchtige Seitenblicke genügen. Das muss aber nicht so sein. Man muss nicht Pfadfinder gewesen sein, um ein herzliches Vergnügen an den vielen schmalen und krummen Straßen zu finden, die vom Ufer in die Seitentäler führen, hinauf durch das Gewirr von Weinterrassen, bis zu jener verblüffend scharf gezogenen Grenze, wo das Weinland zum Waldland wird. Und immer wieder lohnt sich ein Halt, ein Blick aufs Donautal, das einem in sinnesfroher Unschuld zu Füßen liegt, als gäbe es keine menschliche Willkür, keine Bausünden, kein rücksichtsloses Gewinnstreben. Nebenstraßen locken natürlich auch auf der rechten Seite der Donau. Doch schon die schmale, krumme Uferstraße, die sich gemächlich und ein wenig lasziv in das bewegte Wechselspiel von Fluss und Berghang flicht, macht Spaß. Die Nebenstraßen tauchen hier rasch in den Dunkelsteinerwald ein, und so ist es keine große Sache, in Aggsbach Dorf die grimmig ruinöse Welt der Kuenringer mit einer mörderisch gottesfürchtigen zu vertauschen. Der Räuber Grasl ist hier geboren, ging dann aber drüben, im Waldviertel, seinem verbrecherischen Handwerk nach. Auch der Dunkelsteinerwald hat seine Ruine, Wolfenstein, und nicht weit davon war der Sage nach eine Statue des Heiligen Jakobus zu finden, stets hilfreich, wenn es ums rechte Wetter ging. Darum wurde sie auch eines Tages nach Gansbach entführt, war damit aber nicht einverstanden und ging des Nachts ziemlich hölzernen Schrittes in den heimatlichen Wald zurück. Unterwegs traf der Heilige einen Bauern und ließ den Gansbachern ausrichten, sie sollten künftig gefälligst wieder zu ihm in den Wald kommen, wenn sie Wünsche hätten. Außerdem haben die Gansbacher ohnedies wenig Grund für fromme Raubzüge mit ihrem echten Kremser Schmidt in der schönen Wehrkirche. Allenfalls könnten sie ein wenig neidvoll Richtung Mauer bei Melk blicken, wo in der uralten Kirche Maria Geburt einer der weithin schönsten, aus Lindenholz geschnitzten Flügelaltäre steht, Donauschule, intensiv, ja ekstatisch im Ausdruck.

Doch zurück ans geschäftigere Donauufer mit seiner tüchtigen Straße und zu einem anderen Verkehrsweg, dessen Geschichte sich behutsamer gestaltete, leiser. Allerdings endet sie traurig, wenn auch mit einem kleinen Trost. Aber von wegen leise und behutsam ... an dieser Stelle möchte ich den Hut vor Vene Maier, Robert Sommer und ihrem wirklich profunden Wachau-Führer im Falter Verlag ziehen. Ihnen habe ich den Hinweis auf den Sketch „Sliwowitz-Express" von Carl Merz und Helmut Qualtinger zu verdanken, in dem boshafterweise die sanftmütige Wachaubahn zum Schauplatz eines schienengebundenen Exzesses gemacht wird: Es geht alles rasend schnell. Die Bilder des Donautales ziehen nicht an den Zugfenstern vorbei, sie fliegen, schlingern, geraten wüst bewegt durcheinander. Das liegt an einem durch Schnaps gefährlich erregten Geschwindigkeitsrausch des Personals. Haustiere und Stationsvorstände kommen unter die Räder, auch beamtete Autorität, Mäßigung und Innehalten

Die Trasse folgt – auch der schönen Aussicht wegen – in einiger Höhe dem Talhang, berührt Ortschaften oder durchquert sie ganz familiär.

heischend: „Des geht net – die Dienstvorschrift ...“ Zwischendurch wird dann doch gehalten, aber nur, um Hochprozentiges nachzutanken. Erst als der Franz-Josephs-Bahnhof ins Bild kommt, geht die wilde Jagd zu Ende und aus dem Dusel wächst jähes Erkennen: „Jetz san ma g'liefert!“. So ist das aber nicht, weil der Pflege bahndienstlicher Tugenden mehr Gewicht zukommt als vernachlässigbaren Begleiterscheinungen. Der Bahnhofsvorstand tritt hervor und spricht seine Anerkennung aus. Dies sei, spricht er mit Würde, der erste fahrplanmäßig angekommene Zug der Bundesbahn.

Weder notorische Pünktlichkeit noch das Durchrasen des Donautales standen für die Wachaubahn im Vordergrund und schon gar nicht die dominierende Präsenz in einer Landschaft, die ohnehin überreich an menschlichen Spuren ist. Die Bahn entstand viel früher als die Bundesstraße, nämlich um die Wende zum 20. Jahrhundert. Diese Verbindung zwischen St. Valentin und Krems wurde dort, wo sie der Donau folgt, mit Bedacht und Sorgfalt in die Landschaft gefügt, Tunnel und Viadukte tun das ihrige. So nebenbei: Der Teufelsmauertunnel bei Spitz ist atemberaubende 12,43 Meter lang und damit der kürzeste im gesamten Bahnnetz der ÖBB. Nur in Dürnstein musste der Wächterfelsen gesprengt werden. Die Trasse folgt – auch der schönen Aussicht wegen – in einiger Höhe dem Talhang, berührt Ortschaften oder durchquert sie ganz familiär.

Im Gegensatz zur Straße, die sich recht unverblümt ans Ufer drängt, fügt sich die Trasse der Wachaubahn eher behutsam ins Tal. Aber es musste ja doch gesprengt werden und die Ruine von Dürnstein kam bedenklich ins Wanken.

Eine Fahrt mit der Wachaubahn war schon immer ein eher gemächliches Erlebnis: sachte dem Talrand folgend, Innenansichten und unverhoffte Ausblicke gewährend. Gerade deshalb sei ihr wenigstens eine bescheidene Zukunft gegönnt.

Doch die Wachaubahn war zwar stets beliebt, vor allem bei Wanderern und Genießern, die ihren Führerschein lieber behalten wollten, aber sie wurde nie berühmt. Daran änderte auch die ehrende Tatsache nichts, dass die Bahnstrecke zwischen Emmersdorf und Krems 1998 in die Liste des Weltkultur- und Naturerbes aufgenommen wurde. Schon das Jubiläum „100 Jahre Wachaubahn" im Jahre 2009 wäre unbemerkt verstrichen, hätte sich nicht eine private Initiative darum bemüht und das Schifffahrtsmuseum Spitz, stets bereit, über den eigenen Bootsrand zu schauen, eine Sonderausstellung durchgeführt. Das mangelnde Interesse der Österreichischen Bundesbahnen an derlei Aktivitäten ist rasch erklärt: Man wollte die wenig geliebte Wachaubahn in aller Stille und möglichst unbemerkt ausrollen lassen. Ein Jahr später wurde das Land Niederösterreich Eigentümer des entsprechenden Abschnittes, stellte den Planverkehr ein und sorgt seitdem mit Autobussen für eine wenig attraktive Verdichtung des Straßenverkehrs. Immerhin wurde zwischen Krems und Emmersdorf für die Sommermonate ein Ausflugsverkehr eingerichtet. Als dann allerdings im Juni 2013 die Donau wieder einmal wenig Lust daran hatte, nur in ihrem angestammten Bett zu fließen und gehörig über die Ufer trat, wurde die Wachaubahn ganz schnell wieder wichtig, eigentlich unentbehrlich.

Und wie tritt man ein Welterbe an? Wohl nicht im Sitzen, mit dem Fuß auf dem Gaspedal. Natürlich ist das Fahrrad eine Möglichkeit, wenn man es gerne flach, geradeaus und in (sehr) bunter Gesellschaft mag. Aber so richtig nahe kommt man der Landschaft, den Menschen und den übrigen Sehenswürdigkeiten ja doch nur Schritt für Schritt. Wer sich nach und nach mit bedächtiger Unersättlichkeit die 14 Etappen des Welterbe-Steiges Wachau gönnt, umschreitet eine in sich gerundete Welt. Bei dieser Reise zählt allerdings nicht die Entfernung, ist die Welt nicht weit und breit, sondern hoch und tief, zielt der Blick auch dann nach innen, wenn er in die Weite geht. Als Höhenweg zeichnet der Steig verspielt, exakt und nicht ohne künstlerischen Anspruch die Grenze zwischen den höchstgelegenen, oft schon verwachsenen Weinterrassen und dem dunkleren Bild der Wälder und Wiesen nach. Alle Sinne, Kopf und Gemüt sind gefordert, wenn es darum geht, die Welt im Kleinen zu erspüren, den Lebensraum ringsum und die Flusslandschaft als Ganzes. Es geht ganz schön hoch hinauf, bis zum Wallfahrtsort Maria Laach zum Beispiel, mit seiner sechsfingrigen Madonna, und noch höher auf den Jauerling: 960 Meter Seehöhe und auch noch eine Aussichtswarte. Die vielen Aussichtswarten hoch über der Donau bieten im Übrigen so manchen guten Grund, ohne jedes schlechte Gewissen vom rechten Welterbe-Pfade abzukommen. Sie sind Denkmäler einer Zeit, als noch die Bilder der Wachaumaler bunte Prospekte ersetzten und hochherzige Förderer des Tourismus versuchten, Gäste ins Land zu holen, die ihre Freude an der Wachau hatten und sie nicht nur so nebenbei konsumierten. Doch irgendwann bekamen die Wanderer Räder und einen Auspuff untergeschoben und das konnte dem Erleben einer so vielgestaltigen Landschaft nicht guttun. Dann kamen die Radfahrer, schon besser, doch jetzt sind die Wanderer wieder zu Fuß unterwegs und sie werden reich belohnt. Dieser in vielfacher Hinsicht bemerkenswerte Wanderweg begnügt sich üb-

Wie könnte man einen Lebensraum wie die Wachau besser erfahren als im Gehen? Und dass man einem Weltkulturerbe im Vorbeifahren die Unehre gibt, gehört sich einfach nicht. Zeit also für viele lustvolle Schritte.

rigens nicht mit Wein und Wald. Obstgärten mit Marillen, Birnen, Äpfeln und Pfirsichen gehören dazu, aber auch alte Hutweiden und Aulandschaften. Die Reise führt Schritt für Schritt hinab ins Tal, fädelt Winzerhäuser, Lesehöfe und Wehrkirchen auf, berührt die alten Mitten von Dürnstein, Krems und Stein, setzt auf Fähren munter von Ufer zu Ufer über. Wandern als Weltenreise: Das ist schon ganz schön viel für so ein kleines Tal.

Melk und Göttweig

Mein Freund und Mensch gewordener Reibebaum Helmut Gansterer hat viele achtungsgebietende Eigenschaften. Die meisten sind edler Natur, einige von eher widerspenstigem Charakter. So kann es vorkommen, dass er spät nachts oder gar im frühen Morgengrauen, mit sich und der Welt aufs Innigste versöhnt, zu allem bereit ist, nur nicht zur Abwicklung schnöder Auftragsarbeit. In solchen Fällen entsinnt er sich meiner unwürdigen Gestalt und lässt mich das erledigen. Auf diese Weise bin ich erstmals tiefer in das Stift Melk vorgedrungen, in die Bibliothek, wo unsereiner sich ja wohl und zuhause fühlt. Allerdings mit schlechtem Gewissen. Melk also ...

Oh ja, ich habe gesündigt, lesend Unzucht getrieben, am lichten Tag und im Schutze der Nacht. Viel zu oft und viel zu lange habe ich mich von trivialem Zeilensalat genährt, trieb ich es mit Sprechblasen, lag mit wohlfeilen Bestsellern zu Bette oder griff wollüstigen Wälzern in die Seiten. Mit üppigen, grell geschminkten Zeitschriften habe ich die Leere geteilt, mich mit hoffärtigen Kapitalistenmagazinen irdischem Tand verschrieben und so zwischendurch hochmütigem Intellekt gehuldigt. In Frankfurt habe ich dem obszönen Schauspiel einer Buchmesse beigewohnt, vor dem Bildschirm bin ich an den Lippen eines Bücherpapstes gehangen und landauf, landab habe ich eitel und mit sündhaftem Vergnügen aus meinen Büchern vorgelesen, laut und vor anderen.

Nicht einmal mit meiner Reue war es allzu weit her. Nur ein leise nagendes Unbehagen sagte mir, dass es hoch an der Zeit wäre für eine demütige Pilgerfahrt, eine kontemplative Rückkehr zu den Quellen, und zwar nicht zu den profan überschwappenden, sondern zu den innig sprudelnden, sachte sich ergießenden.

Hinweg mit dir demnach, leichthin geschriebenes, bedenkenlos verlegtes, hastig gedrucktes, hektisch verkauftes und berechnend verramschtes Wort, und hin zum buchstäblich zu Papier gebrachten Gedanken, zum verbindlich gebundenen Werk, zum Buch, das seines Namens würdig ist, und zwar nicht als Faktor in der Kostenrechnung, nicht als Zeitvertreiber, sondern als Zeitgestalter. Bücher dieser Art liegen nicht zuhauf, sondern stehen Rücken an Rücken in den Regalen ehrwürdiger Bibliotheken, sie werden nicht vertrieben, sondern behütet, und sie reifen im Alter, statt von gestern zu sein. Doch auch die weitaus ehrenwerteren Bibliotheken wollen fein unterschieden sein. Ihr bezifferbarer Wert

Nie und nimmer würde Pater Gottfrieds bibliothekarischer Ordnungssinn diese freche Störung in der Reihe ehrwürdiger Buchrücken gestatten. Andererseits gehört Umberto Ecos Buch schon auch zu Melk …

schlägt sich zu Buche, wohl aber vor allem ihre Geschichte. Rare Kontinuität über Jahrhunderte hinweg als Gegenwelt zu zeitgeistigem Informationsstakkato. Zum Beispiel Melk. Melk einmal nicht als Wegmarkierung an der Autobahn, einmal nicht als Ursprung, Krönung oder Versatzstück österreichischer Identität, sondern als Ziel einer Reise zum Buch.

Also rasch mein putziges Auto gesattelt und nicht gesäumt, bis der Parkplatz erreicht ist, fast so ausgedehnt wie das Stift, doch architektonisch von geringerem Anspruch.

Und wo geht's hier bitte zu den Büchern? Alles klar. Immer dem Strom der Besucher nach, der vielsprachig vor sich hin plaudernd alles Sehenswürdige würdigt, natürlich auch die Bücher: An die 85.000 Bände, 2.000 Handschriften und Wiegendrucke (frühe Nachfolger der ersten Luther-Bibel), wenige davon in einer Vitrine ausgestellt, die meisten wohlverwahrt in ihrer geheimen Kammer.

Wie wohnt, wie residiert man denn so als Buch? Man nehme Architektur, Malerei und Handwerkskunst vom Feinsten und werde Teil davon. Unter Paul Trogers allegorisch belebtem Himmel leuchtet immerwährender Herbst in warmen Brauntönen und dunklem Gold, Erntezeit, Lesezeit. Aber auch Ordnung walte in all der üppigen Fülle. Hier ist die Welt des Wissens noch nicht in Quanten zerfallen, sondern hat vier geräumige Bereiche: Theologie, Jurisprudenz, Medizin und Philosophie. Pater Gottfried, der Bibliothekar, sorgt seit gut zwei Jahrzehnten dafür, dass nichts durcheinanderkommt, gestattet die pflegliche Benutzung seiner Schutzbefohlenen und muss mit der Angst vor Schurken leben.

Hier ist die Welt des Wissens noch nicht in Quanten zerfallen, sondern hat vier geräumige Bereiche: Theologie, Jurisprudenz, Medizin und Philosophie.

1967 hatte zum Beispiel ein Holländer im geistlichen Habit demütig an die Klosterpforte geklopft, betete eifrig, las viel und suchte jubilierend mit neun Wiegendrucken das Weite. Ihm folgte ein routinierter und stilsicherer Hochstapler, der sich Graf Oberndorf-Duwe nannte, in Salzburg studiert hatte und seitdem auf Kontakte zu Klerikern verweisen konnte. Objekte seiner kriminellen Begierde waren vor allem barocke Stiche und Merian-Bände. Einige davon konnten immerhin später in einem Münchner Antiquariat sichergestellt werden.

Im Grunde genommen kann man nur darüber staunen, wie dieser fragile Bücherschatz relativ heil über die Jahrhunderte gekommen ist, wie er Feuer, Glaubenskrisen, wirtschaftliche Not und politische Willkür überstand. Sogar die Nazis ließen die Bibliothek weitgehend in Frieden, und die russischen Befreier wussten gottlob nicht, dass das Hakenkreuz in aller Eile in der Handschriftensammlung versteckt worden war.

Mehr Freude machen aber doch die geladenen Gäste. 1968 kam Umberto Eco das erste Mal nach Melk. Später ließ er „Im Namen der Rose" in diesem Stift beginnen und enden. Als er hier 1992 die Pfingstkonzerte eröffnete, fand er eine schöne Erklärung:

„Vielleicht wählte ich Melk, weil ich die Notwendigkeit verspürte, mir selbst ebenso wie meinen Lesern

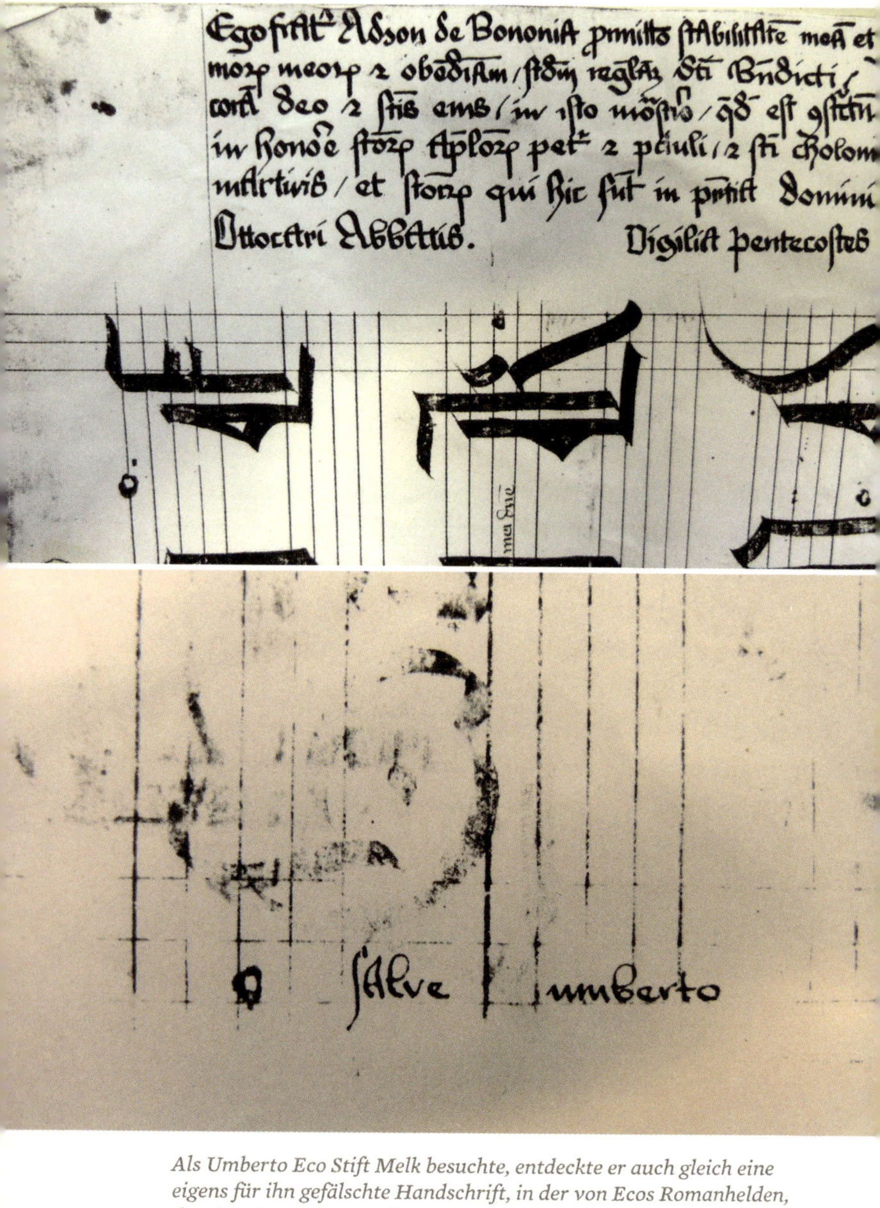

Als Umberto Eco Stift Melk besuchte, entdeckte er auch gleich eine eigens für ihn gefälschte Handschrift, in der von Ecos Romanhelden, dem Novizen Adson, zu lesen war, sorgsam dem fiktiven Jahr 1327 im Buch zugeordnet.

zu versichern, dass die Menschheit das nicht verlieren kann, was ich das vegetative Erinnerungsvermögen nenne, eine Erinnerung, die aus Seiten und Seiten von Manuskripten und Büchern entsteht."

So ist das also. Bücher als kollektive Geisteswelt, Überlebensmittel für den inneren Menschen. Die Bücher von Melk spannen Brücken über die Zeit. In der ersten Hälfte des 9. Jahrhunderts entstand der Sternbilderkatalog des Beda Venerabilis, verband naturkundliche Erkenntnisse mit dem Lauf des Kirchenjahres.

1160 wurden die Consuetudines als mönchisches Regelwerk niedergeschrieben. Das „Melker Osterspiel" verblüfft mit dramaturgisch akzentuierter Auferstehungsliturgie: Zwei Priester spielen die Rollen von Engeln, die am Grab sitzen. Als Frauen verkleidete Diakone suchen den Herrn.

Consuetudines waren Bücher zur praktischen Nutzanwendung, Bücher zum Leben. Seiten, die man nicht mehr benötigte, wurden einfach herausgenommen und als Einband für andere Bücher verwendet. Papier war teuer, Pergament kostbar, und so lebten Bücher in anderen Büchern weiter. In der Bibliothek von Melk wurden Teile einer Handschrift des Nibelungenliedes entdeckt, die der Buchbinder zu schmalen Streifen zur Verstärkung der Heftlöcher geschnitten hatte. Heute lässt es sich wieder nachlesen, dass die hehren Recken sechs Tage nach

Pöchlarn unterwegs waren, sieben Tage nach Worms und zwölf Tage an den Rhein – und dass Bayern ein unsicheres Reiseland war.

Aus dem Jahr 1438 stammt das Gebetbuch König Albrechts II. Darin hat er geblättert und dazu fromm die Lippen bewegt, bevor er seinem polnischen Gegenkönig aufs Haupt schlug.

Irgendwie komme ich mir klein und hässlich vor, mit meinen vollgeramschten Bücherregalen zuhause. Doch Pater Gottfried kann mich nicht leiden sehen und reicht mir ein Angebot des Hamburger Antiquariats Dr. Jörn Günther. Das Rendsburger Exemplar einer Biblia Latina. Kostet nicht einmal zweihunderttausend Euro.

So viel zur Bücherei. Aber Melk ist noch viel mehr. Es fängt damit an, dass die Erdgeschichte einen mächtigen Fels ans Donauufer rückte, steinerne Bühne für ein Übermaß an Geschichte: prähistorische Siedlungen, wohl auch ein heidnischer Kultplatz, ein Festungsbau nach den Awarenkriegen, über hundert Jahre die Residenz der Babenberger. Das Christtum hierzulande etablierte sich gleich einmal mit einer Hinrichtung: Der irische Pilger Koloman kam als vermeintlicher Spion zu Tode. Auch sein posthumes Dasein als Landespatron war nicht von Dauer. Der Heilige Leopold war stärker. Mit den ersten Benediktinern auf dem Melker Burgfelsen wurde die Residenz zur Klosterburg. Diese spirituelle Überhöhung weltlicher Macht blieb für Jahr-

Das Stift und seine Stadt, sakral: Mit der Statue des heiligen Johannes Nepomuk stellte der Bildhauer Peter Widerin im Auftrag des Abtes Berthold Dietmayr einen steinernen Abgesandten höherer Mächte auf den Melker Hauptplatz.

Das Stift und seine Stadt, profan: Oben regierten die geistlichen Grundherren, oben wurde in gewaltigen Dimensionen gebaut – Stift Melk umfasst zwei Drittel der Altstadtfläche. Unten ist Melk klein, gediegen und gemütlich geraten.

hunderte über alle Wirren und Katastrophen hinweg bestimmend. Endlich fanden im Zeitalter des Barock zwei Männer in edler Maßlosigkeit zueinander: Abt Berthold Dietmayr und Jakob Prandtauer. Dietmayr wurde in Scheibbs als Sohn eines Hofrichters geboren. Zum Abt von Melk berufen, wirkte er so nebenbei als Rektor der Wiener Universität, als Ratgeber des Hauses Habsburg und versierter Politiker. Prandtauer, der Bildhauer und Maurer, wurde als Sohn eines Tiroler Bergbauern geboren.

Die Not hatte im 17. Jahrhundert viele Tiroler dazu gezwungen, in der Fremde ihr Glück zu suchen. Die meisten zogen als Wanderhändler durch die Lande. Prandtauer aber wollte mehr, viel mehr. Seit 1692 wohnhaft in St. Pölten, übte sich an Umbauten und Brücken, bevor er den Auftrag bekam, die Melker Stiftskirche zu bauen. Als sein übermächtiger Konkurrent, der Klosterarchitekt Antonio Carlone starb, trat Prandtauer behände und entschlossen dessen Erbe an. In wenigen Jahren zu einigem Ruhm gelangt, wandte er sich der größten Aufgabe seines Lebens zu: der Umgestaltung des Stiftes Melk. Das Ergebnis ist ein Palast, der die Klosterkirche eng umfängt und von ihr, noch reicher, noch prächtiger, überragt wird. Ein gewaltiger Komplex, dem beengten Bauraum zum Trotz, beherrschend, weithin sichtbar, die Landschaft krönend, doch auch in sie gefügt. Ob diese augenfüllende Manifestation gottgewollter Macht und frommer Unbescheidenheit wirklich zur Ordensregel der Benediktiner passt, bleibt dahingestellt. Jedenfalls gab es Widerspruch, auch innerhalb des Konvents. Er blieb unbeachtet.

Einmal im Jahr, wenn der Frühling ins Land zieht, bekommt das klösterliche Leben im Stift Göttweig eine weitere Dimension. Dann branden helle Scharen von Schreibenden und Lesenden, von Winzern und Musikanten begleitet, an die Klosterfelsen, sie streben himmelwärts, füllen die Parkplätze und die heil'gen Hallen: Literatur & Wein ist wieder einmal ausgebrochen. Der geziemende Umgang mit dem Wein gehört ja seit jeher zum Leben der frommen Brüder. Einerseits bewirtschaftet Göttweig – heute gemeinsam mit der Stadt Krems – eines der ältesten Weingüter Österreichs, andererseits wird der Trinkgenuss sogar in der Ordensregel des Heiligen Benedikt zum Thema. Zwar meint er, dass etwa ein halber Liter, eine Hemina, genug für einen Tag sein sollte, räumt aber ein, dass Arbeit oder Sommerhitze mehr erfordern könnten. Zwar merkt er mahnend an, dass der Wein sogar den Weisen zu Fall bringe, fügt sich aber verhalten seufzend in den fröhlich geübten Brauch: „... sollten wir uns wenigstens darauf einigen, nicht bis zum Übermaß zu trinken, sondern weniger". Dass Poeten jeglichen Zuschnitts dort willkommen sind, wo Bücher gedacht, geschrieben und gebunden, dort wo Bücher nicht nur wohnen, sondern residieren, versteht sich von selbst. So wird denn gelesen, zugehört und verkostet, und alles rundet sich zu einer Welt, in der Poesie und Intellekt, Einkehr und Sinnlichkeit leicht und intensiv zueinander finden. Dass sich darunter auch Widerspenstiges, Unangepasstes, Freigeistiges findet, kann in Göttweig niemand erschüttern, waren doch schon die Anfänge des Stiftes nicht von sanfter Harmonie geprägt.

Bischof Altmann von Passau hatte dereinst im Streit zwischen Kaiser und Papst vehement die Position der Kirche eingenommen. Als dann die hohen

Frömmigkeit und tatkräftiger Fleiß haben in der Ordensregel des heiligen Benedikt sehr viel miteinander zu tun. Dazu passen auch das geschäftige Treiben auf der Donau und der Baukran über den Dächern von Stift Göttweig.

Ein Ideal ist Bild geworden: Dieser kolorierte Kupferstich von Salomon Kleiner zeigt die ganze Pracht der geplanten Anlage des Stiftes Göttweig mit seinen Bastionen und Gartenanlagen.

Herren versöhnt waren, störte der unbeugsame Gottesmann die neue Harmonie und wurde aus dem Amt geworfen. Er gründete also Göttweig als Eigenkloster und versicherte sich der Hilfe des Babenbergers Leopold II. Frühem Reichtum und kultureller Blüte folgten Zeiten der Bedrohung und des Niedergangs. Doch in der ersten Hälfte des 18. Jahrhunderts sorgte der gelehrte Abt Gottfried Bessel nach einem verheerenden Brand für einen triumphalen Neubeginn. Dafür war nicht irgendein Baumeister gut genug, sondern nur einer, der in herrschaftlichen Dimensionen zu denken und zu planen vermochte, Johann Lucas von Hildebrandt. Der geplante Baukomplex auf dem Waxenberg sollte Gott und den Kaiser rühmen, konnte also nur gewaltig groß und monumental ausfallen. Wie ein wehrhaftes, prunkvolles Kastell sollte der Gottespalast über das Land wachen, die Kirche in seiner Mitte bergend. Heute wirkt die Kirche von unten gesehen sogar im Verborgenen, weil ja die Kuppel nie gebaut wurde. Nur ein wenig mehr als die Hälfte des riesigen Projektes konnte verwirklicht werden. Vielleicht gibt aber gerade dieser Umstand Göttweig fassbare Dimensionen, schafft einen großartigen Torso, vollendet in seiner Unvollkommenheit.

Wie ein wehrhaftes, prunkvolles Kastell sollte der Gottespalast über das Land wachen, die Kirche in seiner Mitte bergend.

Krems. Und. Stein.

In einer Zeit, die Annäherung mehr und mehr zum banalen Vorgang verkommen lässt, tun Gäste gut daran, sich in ihr als schöner Kunst zu üben. Man kommt einer Stadt wie Krems nicht wirklich näher, indem man den Abstand zu ihr verringert, und wer meint, es genüge, sich auf kürzestem Wege ins Zentrum zu begeben, um ihr Wesen zu erfassen, gibt sich mit einer Facette zufrieden. Krems ist immer dann für eine neue Überraschung gut, wenn sich trügerische Vertrautheit einzustellen beginnt. Hat man, von der Donau her, die Stadt als Hafenstadt begriffen, modern und tüchtig, dekorativ und einladend, nobles Innehalten an einem majestätischen Wasserweg, präsentiert sich Krems, von der steilen Terrassenlandschaft der Weinberge aus gesehen, als bunte, verwinkelte, von Kirchtürmen überhöhte Häuserschar, die sich vor der Unverbindlichkeit der Ebene in den schmäler werdenden Bereich zwischen Ufer und Berg drängt: Die große, weite Welt mündet in die kleine, enge Wachau. Wer von Wien aus die Kremser Ringstraße erreicht, meint ein paar verwirrte Augenblicke lang, ein zweites Wien gefunden zu haben, ein wenig kleiner vielleicht, aber um nichts geringer, was die gründerzeitliche Lust an großstädtischem Dekor betrifft. Erfährt man Krems aus der Wachau kommend, tritt erst einmal kompakt und selbstbewusst Stein dicht ans Ufer, rückt das gewesene Kloster Und als städtische Zwischenwelt schon ein wenig vom Wasser weg, während jenes Krems, das schon immer Krems war, mit dem Strom zwar verbunden bleibt, doch auch um den Preis der Unbequemlichkeit sich dicht an den Hang schmiegt und an ihm hochklettert. Das alte Krems gefiel sich so sehr in verschrobener Enge, dass es kaum Platz für Plätze hatte, es sei denn, für die Toten: Dominikanerplatz und Pfarrplatz waren Friedhöfe. Bis heute ist das eigentliche Zentrum der Stadt eine Straße, die Landstraße, schaut die Ruine der mittelalterlichen Burg Senftenberg auf Ruinen früher Industrialisierung herab und erklärt sich Krems nach und nach als eigentümlich harmonisches Nebeneinander und Miteinander von schönem Verfall und trutziger Beständigkeit, von müder Resignation, und vitaler Erneuerung.

Auf jedem Weg nach Krems, wie auch überall in der Stadt, bleibt aber neben dem Menschenwerk die Landschaft bestimmend, mündet die Freiheit des flachen Landes in die Bestimmtheit von Tälern, bricht die Hochebene steil zum Fluss hin ab, wird

Vergangenheit und Zukunft auf höherer Ebene: Die Piaristenkirche überragt auf dem Frauenplatz das alte Zentrum der Stadt. Rechts davon, im ehemaligen Piaristenkolleg, finden sich heute Institute des International Campus Krems.

ebenes Ufer zum Hügelland, gibt der Strom dieser Vielfalt gelassen Antwort. Krems drängt sich nicht als städtische Antithese in dieses Szenarium, sondern vollzieht es auf seine Weise nach, nicht immer schön, nicht immer eindrucksvoll, aber doch recht überzeugend, alles in allem. Wer allerdings, der gängigen Mode folgend, versucht, diese erstaunliche Stadt mit einer leicht lesbaren Etikette zu versehen, wird scheitern. Krems auf eine, in weiten Bereichen moderne, wirtschaftlich wieder erstarkte Stadt zu reduzieren, die sich über eine bemerkenswerte historische Bausubstanz freuen darf, ist ungerecht. Krems als Weinstadt an der Donau hymnisch zu verniedlichen, bedeutet, differenzierte Strukturen mit augenfälligen Klischees zuzudecken, und wer, die Altstadt ins Auge fassend, Krems zum Gesamtkunstwerk erklärt, erniedrigt jene, die dort wohnen zu Statisten.

Viele der alten Gemäuer haben vor ihren alten Namen ein beunruhigendes Attribut: ehemalig.

Auf der Suche nach Indizien für das wahre Wesen der Stadt stößt man allerdings sehr bald auf eine Tatsache, die dem äußeren Bild den Vorzug vor der inneren Wirklichkeit zu geben scheint: Viele der alten Gemäuer haben vor ihren alten Namen ein beunruhigendes Attribut: ehemalig. Die Dominikanerkirche und ihr Kloster, der Passauerhof, das Redemptoristinnenkloster, das Kloster Und, die

Pionierkaserne, die Frauenbergkirche, die Minoritenkirche mit ihrem Kloster, die Tabakfabrik und eine Menge anderer Gebäude. Damit läge also der Schluss nahe, auch die Identität der Doppelstadt wäre im Wesentlichen eine Sammlung ehemaliger, mit liebevoller Mühe und großem Aufwand schön konservierter Schauobjekte. Krems wäre also eine zierlich belebte Bühne voll historischer Versatzstücke, an deren unbeachteten Rändern das wirkliche Leben stattfindet. Der städtische Fortschritt bestünde, so gesehen, darin, mit industriellem Fleiß und merkantiler Tüchtigkeit sicherzustellen, dass die noblen Salons und das blank geputzte Tafelsilber erhalten bleiben. Gottlob erspart einem die täglich nachprüfbare Wirklichkeit jede Befürchtung, dass die Kremser Altstadt nur zum Herzeigen tauge.

Andererseits hat es in der Stadtgeschichte offenbar schmerzliche Brüche gegeben, den wiederholten Zwang zu umfassender Neuorientierung. Dass es Krems und seinen Bürgern dennoch gelungen ist, ein tief wurzelndes und gleichzeitig zukunftstaugliches Selbstverständnis lebendig zu erhalten, gehört zu jenen Wundern, die sich eigentlich nie ereignen. Weil der Kremser Stadtgeschichte somit der rare Rang eines Märchens zukommt, das auch im kalten Spiegel der Wirklichkeit besteht und sein Geheimnis bewahrt, sei auch der richtige Anfang für einen Rückblick gewählt, der leichthin über Jahrhunderte

Beständigkeit und Veränderung prägen gleichermaßen die Stadtgeschichte. Vom Mühlbach blieb nur die heutige Mühlbachgasse und das dereinst noble Bahnhofsrestaurant ist neuer Sachlichkeit gewichen.

gleitet, ohne das historische Detail vorwegzunehmen: Es war einmal.

Es war einmal eine Wasserstraße, durchkreuzt von Handelsstraßen zu Lande, und das sonnenwarme Donautal war viel zu attraktiv für die Mächtigen und ihre wohl oder übel tüchtigen Untertanen, um unbeachtet zu bleiben. Als Krems an der Wende zum 11. Jahrhundert urkundlich zu seinem Namen kam, waren diesem Kapitel der Siedlungsgeschichte schon viele andere vorangegangen. Ein befestigter Platz stand am Anfang. Das wehrhafte Krems wurde sehr bald zu einer bedeutenden Handelsstadt, die einen Vergleich mit Wien nicht zu scheuen brauchte. Im 12. und 13. Jahrhundert entstanden die wesentlichen, noch heute deutlichen Strukturen der Altstadt. Damit gab es einen wohlgefügten Rahmen für Veränderungen und Entwicklungen jeder Art, eine Ordnung, die als Prinzip überdauerte, weil sie sich im Detail immer wieder neu definieren ließ. Die schon erwähnte Gozzoburg ist ein Beispiel dafür: erst Residenz ihres Namensgebers, dann durch zahlreiche Erweiterungen und Umbauten zu einem beachtlichen Gebäudekomplex heranwachsend, der immer wieder neue Aufgaben zu erfüllen hatte, und nicht alle waren von der würdigen, repräsentativen Sorte. So bergen zum Beispiel die mächtigen Mauern seit über 200 Jahren ein Wirtshaus, das auf seine Art Stadtgeschichte schreibt. In den frühen 50er Jahren, als auch in Krems Beton und Plastik erst einmal wichtiger genommen wurden als altes Gemäuer, war die Gozzoburg ein düsterer, archaischer Klotz, und kaum ein Fremder wagte es, jenen schmalen, nicht sehr einladenden Gang zu betreten, der ins kleine Wirtshaus führte. Auf diese Weise blieben die Kremser und ihre Wirtsleute unter sich und es war eine ganz eigentümliche Art von etwas leichtsinniger Behaglichkeit, die sich in dieser fest ummauerten Höhle von den rauen Winden der Außenwelt geschützt wusste. Dazu trug natürlich auch die Persönlichkeit des jeweiligen Wirtes bei, allen voran der Mayer Bertl, unter dessen bärbeissiger Obwaltung sich rechte Studenten und linke Akademiker, etablierte Bürger und lockere Lebenskünstler zu einem gesellschaftlichen Kleinbiotop verbanden, das anderswo nicht möglich gewesen wäre. Heute ist die Gozzoburg restauriert und aus dem alten Wirtshaus ist folgerichtig ein Restaurant geworden. Kontinuität vertrug sich in Krems seit jeher mit Veränderung.

Eine Entwicklung, deren großer Bogen sich über Jahrhunderte spannt, ist der ruhige Hintergrund für jene wohlbegründete Gelassenheit mit der diese Stadt seit jeher dem Wandel der Zeiten begegnet. So wurde Krems zwar erschüttert, doch nicht zu Fall gebracht, als nach einer langen Phase ungestörter Wohlhabenheit im 16. Jahrhundert erst einmal der rote Hahn als böser Vorbote auf den Dächern tanzte. Mit der katholischen Kirche stand es damals nicht

Überall in der Altstadt von Krems wird die Vergangenheit ganz selbstverständlich, ja familiär in die Gegenwart geholt, finden sich neue Inhalte für altes Gemäuer.

Auch auf dem Pfarrplatz spricht nichts gegen weltliche Freuden. Die Lokale der Kremser Altstadt achten allerdings sehr darauf, dass auch Lustbarkeit nicht aus dem schönen Rahmen fällt.

zum Besten, die Worte lutherischer Wanderprediger fielen auf fruchtbaren Boden, Wien entzog mit einem selbstherrlichen Strafgericht Krems und Stein deren Privilegien und Freiheiten. Viele Tüchtige verließen die Stadt, die Verbleibenden resignierten. Kaum regte sich wieder bürgerliches Selbstbewusstsein, hatte sich Krems im 17. Jahrhundert unter dem Wüten des 30-jährigen Krieges zu ducken, weitere Unruhen zehrten an der Substanz der längst nicht mehr reichen Stadt. Endlich brachte der barocke Umbau der Stifte Göttweig, Dürnstein und Zwettl den Handwerkern und Künstlern eine bessere Auftragslage und mit Martin Johann Schmidt, dem Kremser Schmidt, bekam auch der Name der Stadt wieder gediegenen Glanz. Doch die wirtschaftliche Struktur der alten Handelsstadt erwies sich schon im frühen 19. Jahrhundert als wenig tauglich für das neue Zeitalter der Industrie. Städte wie St. Pölten zogen Fabriken und Eisenbahn an sich, Krems fand erst relativ spät den Anschluss an diese Entwicklung: Eine Zigarrenfabrik und eine Kaserne wurden gebaut, das Redemptoristinnenkloster in Stein bekam eine neue Identität als Strafanstalt verordnet. Aber auch der für Krems noch heute charakteristische Mittelstand fasste wieder Fuß; zahlreiche Mühlen entstanden und mit dem Kremser Senf wurde ein unverwechselbares Markenprodukt geschaffen, so erfolgreich, dass es bis heute erzeugt wird – allerdings unverzeihlicherweise in Wien.

Nach dem Zweiten Weltkrieg standen die Kremser vor einem halbwegs heil gebliebenen Schatz architektonischer Kostbarkeiten, von dem man allerdings nicht satt wurde. Jene, die sich schon sehr früh dafür einsetzten, diesen Schatz zu bewahren, sorgsam wiederherzustellen und sinnvoll zu beleben, mussten sich den Vorwurf gefallen lassen, jenen wirtschaftlichen Fortschritt zu bremsen, den in diesen Jahren alle so dringend brauchten. Ganz gleich, wie emotionell und heftig die Auseinandersetzung damals geführt wurde, ihr Ergebnis, nämlich die entschlossene Hinwendung zum Leben in den alten, gewachsenen Strukturen, ist eine große Gemeinschaftsleistung der Kremser Bürger. Natürlich wurden aus heutiger Sicht auch Fehler gemacht und sie werden auch in Zukunft nicht gänzlich auszuschließen sein, aber letztlich ist doch das Kunststück gelungen, gesunde Wirtschaftskraft und lebendige Tradition in Einklang zu bringen. Um diese heikle Balance zu halten, bedarf es nicht nur der Beständigkeit, es muss auch die Kraft zur Erneuerung hinzukommen. Es genügt nämlich nicht, funktionslos gewordene Bausubstanz zu erhalten und sie irgendwie zu nutzen. Nur eine neue Bestimmung, die dem Charakter und der Atmosphäre eines Bauwerkes gerecht wird, lässt es wieder leben, erweckt Interesse, ist aufregend. Dass dabei mutige, eher unkonventionelle Konzepte mehr geeignet sind zu überzeugen, liegt auf der Hand: Leerräume füllt man nicht

Die Zukunft darf kommen, wenn auch nicht so seltsam wie auf der Scherzpostkarte. Doch die Vergangenheit soll bleiben: Die Goldene Sonne in Stein war als Einkehrgasthof für Schiffsleute aus dem Oberland beliebt.

Der Weg durch Stein wird Schritt für Schritt zur Zeitreise, zur Begegnung mit stolzem Wohlstand, in Jahrhunderten gewachsen, heute geborgen in Stille und behaglichem Leben.

mit Versatzstücken, sondern mit Ideen. Das Weinkolleg im ehemaligen Kloster Und ist so eine Idee, die es wagt, Sinnlichkeit und Spiritualität wieder als jenes Ganzes zu sehen, für das man sich zwischendurch glaubte genieren zu müssen.

Dieser unbefangene, doch respektvolle Umgang mit kulturellem Erbe hat in Krems schon lange Tradition. Nachdem Gotteshäuser ohnedies eine gewisse weihevolle Theatralik aufweisen, erfuhr die Dominikanerkirche nach ihrer Profanierung schon 1794 die Umwandlung in ein Theater. Ludwig Anzengruber und Alexander Girardi traten hier auf und sogar komische Operetten taten der Würde des Raumes keinen Abbruch: Es wäre ja wirklich nicht die rechte Frömmigkeit, dem lieben Gott nicht auch Humor zuzutrauen. Kein anderer als Probst Otto Kerschbaumer schlug dann vor, hier auch das Museum der Stadt Krems unterzubringen, und heute fügt sich auch noch das Weinbaumuseum in ein Bild, das Glaubenswelt und Arbeitswelt, Askese und Lebensfreude ganz selbstverständlich vereint. Es wäre natürlich verkehrt, die Kremser Bürger als geradezu unfehlbar in Fragen der denkmalgerechten Stadterneuerung darzustellen. So drohte dem Steinertor, heute geradezu unverzichtbar für das Bild der Stadt, schon 1876 der Abbruch. Zuvor waren schon die anderen Stadttore der Spitzhacke zum Opfer gefallen, weil sie angeblich dem Fortschritt im Wege standen. Auch was das Steinertor betraf, waren die

Stadtväter fast einhellig für die Zerstörung, doch ein paar einflussreiche Bürger hatten die Stirn, anderer Meinung zu sein, und endlich wachte sogar die „K.k. Zentralkommission für Kunst- und historische Denkmale" auf und handelte. Diese gerne gelebte Verantwortlichkeit rührt natürlich auch daher, dass Krems nach wie vor seinen Bewohnern gehört und sich nicht auf Gedeih und Verderb dem Fremdenverkehr, Pardon, Tourismus, ausgeliefert hat. Wer kommt, ist willkommen, und interessierte, verständige Gäste, offen für den Zauber der Stadt, sind hier ohnehin bald ein wenig zuhause.

Von Stein war noch viel zu wenig die Rede, von dieser ernsten und behaglichen urbanen Gegenwelt. Im Gegensatz zu Krems, das lange nur über einen Seitenarm mit der Donau verbunden war, lag Stein seit jeher am Ufer: Hier wurden die meisten Waren verladen, machten die Schiffsleute Pause und rieben sich Wirte die Hände. Außerdem war die Stadt eine landesfürstliche Mautstelle. Zum deutlichen Ärger der Kremser hatte Stein lange eine Monopolstelle für den Handel mit Salz und Getreide, und natürlich sorgte die Weinausfuhr für volle Kassen. Die Kaufleute machten Stein wohlhabend, und sie wohnten satt und zufrieden in stattlichen Bürgerhäusern, wenn sie nicht gerade mit den Kremsern stritten, wie im Jahr 1495 deren Rechtfertigung an Kaiser Maximilian belegt:

Wer hinter einer Fassade aus der Renaissance im ehemaligen Wohnhaus eines Mauteinnehmers logiert, hat vermutlich eine andere Sicht der Dinge als der neumodische Rest der Welt: gelassen und recht vergnügt.

„1. Wir haben nur den Kleinhandel mit Salz und Getreide, die Steiner haben das große Geschäft. [...] 2. Die Steiner führen an, wir hätten die Jahr- und Wochenmärkte. Die Steiner haben dafür die Mautstätte und Zufuhr, was mehr einträgt als unsere Märkte, auch haben sie viele Gründe in der Wachau, weit mehr als wir; auch sind unter ihnen mehr Dominikalbesitzer [Hausbesitzer] als in Krems [...].“

Erst nach Jahrhunderten des Wohlstandes wendete sich das Blatt. Mit dem Zeitalter der Industrie erlebte Krems einen neuen Aufschwung, für Stein hingegen hatte die große Vergangenheit wenig Zukunft. Die mangelnde Kraft zur Veränderung erwies sich aber letztlich als unschätzbares Geschenk. Heute erzählen die Gebäude der Steiner Landstraße mit Gotik, Renaissance, Barock, ein wenig auch Biedermeier und Gründerzeit, unverfälschte österreichische Architekturgeschichte. Für jene, die hier wohnen, ist Stein ein stilvoller Ort des Behagens, sehr intim, doch offen für schöpferisches, eigenwilliges Gestalten. Für die Gäste wird diese enge, zur Donau weithin offene Welt zur Erfahrung, die in dieser Dichte kaum anderswo in Österreich zu finden ist. Bleibt noch der Weg über die Brücke ans gegenüberliegende Ufer und die reizvolle Suche nach jener Stelle, von der aus Egon Schiele seine berühmte Stadtansicht gemalt haben könnte.

Bodenschätze

Es ist schon ein paar Jahre her. Damals habe ich die Arche Noah in Schiltern besucht. Eva Kellner war als botanische Fachfrau mitgekommen. Sie hat zwar zu meiner großen Freude viele Bücher von mir illustriert, doch ihre Fähigkeiten als Gärtnerin sind nicht minder hoch einzuschätzen. Ich hingegen kann weder das eine noch das andere. Aber ich gebe mir, wenn auch vergeblich, größte Mühe zu lernen. Da standen wir also im Spätsommer im Schaugarten, schauten, wie es sich dort gehört, und staunten über jene Vielfalt, der die Agrarindustrie nur Einfalt entgegenzusetzen weiß. Ein paar Schritte weiter kam dann ein Mann ins Bild, der mit zärtlicher Sorgfalt kleine Zwiebeln ins Erdreich drückte. Wir grüßten, er schaute auf, sagte „Safran aus der Wachau" und ließ sich nicht weiter stören.

Neulich bin ich ihm wieder begegnet, in Dürnstein, im ehemaligen Bahnhof. Dort hat er sich jetzt eingenistet, weil der kleine Rest Wachaubahn keine Amtsräume mehr braucht. Aber Bernhard Kaar braucht einen Platz, wo er Menschen und Safran zusammenbringen kann.

Das ist der eine Anfang der Geschichte. Eine sagenhafte Variante aus der Zeit der Kreuzzüge gibt es natürlich auch. Walter von Merkenstein warb um die reiche Erbin Hulda von Rauheneck. Sie, stets um die Mehrung ihrer Schätze bemüht, versprach ihm ihre Hand, wenn er aus dem gelobten Lande, wo schon sein Waffenbruder, der Armsteiner mit dem Hundekopf, den seine Mutter dann doch nicht ertränkt hatte, focht, das Nützlichste mitbringe. Er brachte den Safran aus dem Morgenlande mit, der seitdem häufig im schönen Österreich angebaut wurde und manchen Bürgersmann reich machte. Das hold berechnende Eheglück fand allerdings nicht statt. Bei seiner Wiederkehr fand Walter seine Hulda im Grabe liegend vor und sagte der Welt und ihren Freuden für immer ab.

Tatsächlich ist die Kultivierung von Safran als „Crocus Austriacus" in Österreich schon im 14. Jahrhundert urkundlich belegt – und für die Wachau und andere Anbaugebiete in Niederösterreich war er bis ins 19. Jahrhundert von nicht geringer wirtschaftlicher Bedeutung. Viele Safranbauern lieferten das Luxusgewürz nach Krems, wo es auf dem Simonimarkt vom 28. Oktober an zwei Wochen hindurch verkauft wurde. 1776 bot man dort die schier unglaubliche Menge von 4.480,48 kg an. Man bedenke: keine Blüten, sondern nur die zarten Stempelfäden. Kein

Auch im Schaugarten in Dürnstein gerät die Safranernte zur mühevollen Handarbeit. Nur die feinen Fäden werden entnommen und das Violett der Blüten darf weiterhin das Blau der Kirche grüßen.

Wunder, dass Safran zur Amtssache erklärt wurde. Auf Anordnung der „k.k. N.O. Landesregierung" verfasste Ulrich Petrak, „Pfarrer zu Ravelsbach auf dem Benediktinerstifte zu Mölk" 1797 eine Anleitung zum Anbau von Safran, die im Wesentlichen noch heute gültig ist. Auch seiner einleitenden Lobpreisung schließt man sich gerne an:

„Der Saffran, der in Niederösterreich gezogen wird, ist nach Angabe der Kenner in ganz Europa der beste ... Man findet in der That nicht leicht eine Spezereyware, die, während sich der Geschmack bey unserer Tafel erhöht, Geruch und Zierlichkeit den Speisen verleiht ..."

Angesichts der Tatsache, dass die Ernte auf wenige Wochen im Jahr beschränkt ist, bei widrigem Wetter auf wenige Tage, fordert der Gottesmann ganz unumwunden: „Man pflückt tagtäglich, sonn- und Feyertage nicht ausgenommen." Man pflückt ... das klingt so einfach. Aber: „Die drey Narben von dem Griffel, an dem sie hangen, losbringen, und aus der Blume herauszunehmen, dies nennt man das Saffranlösen und ist unser Endzweck bei dem Saffrananbau." Als Pfarrer von Welt kennt Ulrich Petrak natürlich auch jene Konfliktzonen, die es zwischen einer zarten Blüte und dem zarten Geschlecht geben muss.

„Die Weibsleute, wenn sie bey kaltem Wetter nicht bloßfüßig gehen können, machen mit ihren schmalen und höheren Absätzen zu tiefe Löcher in das Land, und bey nassem Wetter beschmieren sie die eben hervorstechenden Blumen durch den vorderen Saum ihres Rocks, wenn sie sich bücken, mit Koth; darum schließt man sie gerne von dieser Arbeit aus. Selbst die Bursche, die hierzu verwendet werden, müssen dabey in Acht nehmen, daß sie so leicht keine Blume zertretten."

Fleißig sein, unglaublich fleißig, in Acht nehmen – davon weiß Bernhard Kaar ein Lied zu singen, wenn er und seine Helfer im Herbst mit nikotingelben Fingern an den zarten Fäden zupfen, stets um das Wohlergehen der Blüte bemüht, biodynamisch natürlich, unter Demeters wachsamen Blicken. Aus 120.000 Blüten werden für ein Kilo Safran sorgsam die Fäden gelöst. Dieser Fleiß hat aber auch etwas reizvoll Elitäres: Die Anbaugebiete hoch oben in den Rebenhängen sind die nördlichsten der Welt, Wachauer Safran ist weltweit der teuerste. Mit seinem Urteil, dass er auch der beste sei, steht Bernhard Kaar längst nicht mehr allein. Wer dieses rare Gewürz nämlich nur des goldenen Schimmers wegen verwendet, bringt sich um viele, fein differenzierte Geschmackserlebnisse. Ja doch, es gibt kommentierte Safran-Verkostungen in Dürnstein,

Die Anbaugebiete hoch oben in den Rebenhängen sind die nördlichsten der Welt, Wachauer Safran ist weltweit der teuerste.

Der Klimawandel lässt auch hoch gelegene, oft schon bewaldete Terrassen für den Weinbau interessant werden – sogar sehr interessant, sagt Anton Bodenstein. Der Beweis dafür lässt sich auf das Erfreulichste verkosten.

und die Ergebnisse führen tief ins Reich der Sinne: blumig, erdig herb, rund, moussierend, sonnig. Und erst die Assoziationen: frisch geschlagenes Holz, Mandelöl, Honigwaben, Quitte, überreife Frucht, Meeresluft, Waldluft ... Mit dem Weinbau ringsum hat der Safranbauer übrigens kein Problem, auch wenn die Erntezeit mit der Weinlese zusammenfällt: Er bewirtschaftet Terrassen in extremer Hochlage, gut versteckt. Dort oben ist er herrlich allein, es sei denn er träfe auf Anton Bodenstein. Der hält es nämlich auch mit dem Drang zum Höheren. Als Winzer, Bürgermeister (von Weißenkirchen) und Biologe ein Mensch gewordenes Wachau-Konzentrat. Dabei kommt er aus dem Weinviertel. Für die Absenz önologischer Höhenangst hat er gute Gründe. Zum einen macht der Klimawandel Terrassen für den Weinbau wieder interessant, die schon vor langer Zeit aufgegeben wurden, zum anderen reizt es ihn einfach, an Grenzen zu gehen und auch einmal einen Schritt darüber. Ist so eine Terrasse übrigens bereits von Bäumen bestanden, kann es aber Probleme geben: Dann sind nämlich die Bundesforste zuständig, und wer sich mit denen einlässt, beißt auf Hartholz. Aber der Riesling gedeiht bei ihm auch noch in 400 m Höhe, muss deutlich später gelesen werden. Diese Rebsorte mag die extremen Temperaturunterschiede, kommt mit dem „hitzigen“ Boden aus mürbem Gneis, ganz ohne Ton gut zurecht. Die Haarwurzeln der Rebe und ihr Lebensraum sind in einem dynamischen System verbunden, und die Spaltöffnungen an der Unterseite der Blätter bringen im Wechselspiel von Kalium und Magnesium Feuchtigkeit in den Stock. Der Riesling hat mehr Kalium und kann mit Trockenheit besser umgehen. Er ist eben ein Kämpfer, ganz im Gegensatz zum Veltliner sagt Bodenstein, man muss ihn fordern, und der Sieg über widrige Umstände lässt sich zu guter Letzt auf das Erfreulichste verkosten.

Und, na klar: Auch für den Wein in der Wachau war es nach dem Zweiten Weltkrieg ganz wichtig, rasch und entschlossen einen eigenen Weg in die Moderne zu gehen. Josef Jamek hat schon in den 60er Jahren vorgezeigt, wie's geht: sortenrein, lagenrein, ohne das damals übliche Aufzuckern, aber mit Beregnungsanlagen. Und dann, 1983, „Vinea Wachau nobilis districtum", ein marktgerechter Qualitätsschwur sozusagen, besiegelt mit dem Wappen des Kuenringers Leuthold – und drei Marken mit Profil: „Steinfeder", leicht und fruchtig, „Federspiel", nuancenreich mit ausgeprägtem Charakter, und „Smaragd", höchsten Ansprüchen genügend, sie übertreffend.

Damit war Schluss mit dem Zukauf billiger Trauben von auswärts, viele Terrassen lebten wieder auf. Auch für die Umstellung auf Hochkultur hat es natürlich gute Gründe gegeben, wirtschaftliche vor allem. Jetzt können die Terrassen auch maschinell bearbeitet werden, und die Stöcke stehen nicht

Wenn Josef Högl im Weingarten arbeitet, tut er gut daran, trittsicher zu sein. Hier, wo im Spitzen Graben schon das Waldviertel grüßen lässt, ist es ein wenig kälter und viel schroffer als anderswo. Aber der Wein …

mehr durcheinander, sondern hochbeinig in Reih und Glied, angepasst und gezähmt.

Der Donau ist das ja auch widerfahren, im Dienste der Schifffahrt und der Energieversorgung. Dabei ist es gerade die kleinräumige (und oft genug auch mühselige) Vielfalt, die aus der Wachau ein unverwechselbares Weinbaugebiet macht. Pannonisches Klima trifft auf atlantisches, beide Bereiche beeinflussen, durchdringen einander, Landschaft und Terrassen, die Sonneneinstrahlung und kühle Fallwinde vom Waldviertel her schaffen viele akzentuierte Kleinstklimazonen. Und dazu, im reizvollen Gegensatz, die Lagen am rechten Ufer. Die Böden dann, hüben wie drüben: Löß und Gneis, Sand und Schotter in vielen Variationen ... Aber natürlich kommt es vor allem auf den Winzer an, darauf, was er oder sie aus den Voraussetzungen macht, auf die Art, mit dem Weingarten und dem Wein umzugehen. Die Wachau ist noch immer eine wohlgefüllte Schatz- und Wunderkammer. Ein leises, aber deutliches Unbehagen verspürt Anton Bodenstein aber doch, nicht von ungefähr gilt er ja auch als „Terroirist". Umfassende Optimierung schafft Standards. Und wo bleibt bitte die Bewahrung, die Förderung der genetischen Vielfalt? Gen-Erosion – ein Wort zum Fürchten. Nicht zuletzt darum tut er sich auch noch Weingärten mit Stockkultur an.

Er wird schon recht haben, meint Gottfried Hinterholzer, Weinbauer aus Oberloiben, seit 1930 auf der Welt. Aber das Buckeln war auch nicht gerade gesund. Und die Handarbeit auf Terrassen an sehr steilen Hängen konnte gefährlich werden. Da ist schon hin und wieder einer abgestürzt. Schon der Großvater war auf dem Hof ein Tierarzt, aber kein Doktor. Er hat eben trotzdem gewusst, wie es geht, und geholfen, wo es geht. Aber es war nicht leicht durchzukommen. Schlechte Preise für den Wein, dafür hat die ungarische Konkurrenz gesorgt. Wenn dann ein paar Missernten hintereinander gekommen sind ...

Wein ist das Brot des kleinen Mannes, hat's geheißen. Für Getreide war ja kein Platz, allenfalls für eine Kuh. Für die Weingärten gab es also viel zu wenig Mist, der ist aus dem Waldviertel gekommen, oder, in den 30er Jahren, aus Wien: Klarmist aus der Abfallverwertung, ein schreckliches Zeug. Und dann die Zeit nach dem Krieg ... im Army Shop Gummistiefel ergattert, ein Wehrmachtswasserfilter hat auch für den Wein mehr schlecht als recht getaugt. Es war ein elendes Leben. Keine Rede von Flaschenfüllung, und dazu noch Händler, die mehr eine Landplage waren als Geschäftspartner. Schlechte Preise waren das Ergebnis, und zwei Sorten: weiß und schwarz. Noch ärger waren nur die Schädlinge und die Chemie. Gegen den Traubenwickler ist Arsen gespritzt worden, das war dann konzentriert im Hauswein drin. Damit ist heute Schluss, gottlob. Da denkt er schon lieber über biologische Schäd-

Neues hat Gottfried Hinterholzer schon immer interessiert, Altes bewahrt er, wenn es sinnvoll ist, zum Beispiel spitz zulaufende Körbe für die Marillenernte, die Zisteln: Sie vermindern den Druck auf die unteren Früchte.

lingsbekämpfung nach, redet mit Leuten, die sich damit auskennen.

Es ist schon besser geworden, alles in allem. Schon in den 30er Jahren haben einige mit der Flaschenabfüllung begonnen – und vor dem Verkorken ein Schlüpferl gekostet. Dann haben sich die Kunden über das Tabakaroma gewundert. Ringsum in Oberloiben und in der Wachau überhaupt hat sich sehr viel geändert in den letzten Jahrzehnten. Ein paar Winzer sind groß geworden, andere zu groß, aufgeben mussten auch welche, aber die Entwicklung passt schon, alles in allem. Gottfried Hinterholzer ist unbeirrt seinen ganz persönlichen Weg gegangen. Noch heute arbeitet er jeden Tag im Weingarten und schaut der Zukunft listig und wohlgelaunt entgegen, wie es eigentlich immer seine Art war.

Damit wird es Zeit fürs andere Ufer und für einen anderen Bodenschatz, Wachauer Marillen. An die 500 Obstbäume hat Gustav Kienast aus Oberarnsdorf, und er kennt jeden persönlich. So soll es ja sein, auch wenn es viel Arbeit macht. Zuweilen fährt ihm der Frühling aber doch ins Gemüt. Dann kann es sein, dass er gemächlich den sonnwarmen Hang hinaufsteigt, bis er zu jener Stelle kommt, wo sich der Blick über die Donau weitet und die Marillenblüten ins helle Blau des Himmels getupft sind. Ein kleiner Garten Eden ist das, hier oben. Die Sonne ist kräftiger zu spüren als am Talboden und sie weckt den Geruch nach frischem Grün und Erde auf. Ein guter Platz zum Leben, für Menschen und Marillen. Drüben, am anderen Ufer, mag es mehr Wein und mehr Touristen geben. Hier, am südlichen Donauufer lässt man es ruhiger angehn. Die Landschaft breitet sanfte Buchten mit idealen Böden unter die Sonne. Bis spät ins Jahr hinein lässt sie die Kälteseen erst gar nicht entstehen. Freilich, die Vegetation ist vielleicht eine Woche später dran, aber das stört nicht, im Gegenteil: Wenn nämlich die gefürchteten Eismänner klirrend ins Land ziehen, schützen die Blütenkelche die jungen Früchte, sie sind noch „in der Hose“, wie die Wachauer Marillenbauern sagen. Und den Frost muss man schon fürchten. Andere Obstsorten können mit einem Eispanzer vor dem Erfrieren bewahrt werden, doch Marillenbäume würden unter der Last zerbrechen. Sogar Wärme kommt zur falschen Zeit nicht gelegen. Treibt ein milder Jänner den Saft zu früh in die Zweige, entsteht ein schädlicher Flüssigkeitsstau. Kreislaufprobleme, man kennt das, menschlicherseits. Auch unter wirklich günstigen Bedingungen ist es nicht einfach, die Bäume gesund übers Jahr zu bringen. Im Winter muss der Boden gelockert werden, damit sich die Wühlmäuse nicht gar so wohl fühlen, und manch anderer Schädling ist auch in der kalten Zeit am Werk. Ist dann die Vegetationszeit angebrochen, geht es ans Schneiden, weil jetzt die Wunden besser eintrocknen. Die Bäume werden in Form gebracht,

Alte, sehr aromatische Marillensorten brauchen ein wenig länger bis zur Reife und fordern mehr Zuwendung ein. In der Wachau werden sie seit einem guten Jahrhundert in großem Stil geerntet.

damit Früchte und Blätter möglichst viel Sonnenlicht bekommen, die Äste und Zweige werden gekürzt, damit später die Bäume das Gewicht der Früchte tragen können.

Und immer wieder gibt es Grund zur Sorge. Ein verregnetes Frühjahr lässt Wasser in den Blütenkelchen zurück, in dem sich Pilzsporen bilden können, und haben sich die Früchte endlich ihrer „Hosen“ entledigt, kann Schorf das Laub bedrohen. Sind erst einmal die Eisheiligen vorbei, lässt sich auch schon die kommende Ernte recht gut abschätzen, es sei denn, die sündteure Hagelabwehr versagt ja doch einmal oder ein Sturm holt die Früchte vorzeitig von den Bäumen. Meist aber reifen sie dort, wo sie reifen sollen, und eines Tages, und irgendwann, Ende Juli, geschieht etwas sehr Aufregendes: Die erste Marille fällt zu Boden. Für jedes Mitglied der Familie Kienast bedeutet das erst einmal die andachtsvolle Verkostung von einem Sechstel Marille und dann geht es auch schon ans Ernten. In zwei, drei Wochen sind an die 14.000 Kilo gepflückt, eine verteufelt mühsame Arbeit. Macht aber schon auch Spaß, dieses werktätige Wohnen in den Kronen.

Spurensuche

Neulich bin ich wieder einmal zur Schule gegangen. Einerseits ist es dafür nie zu spät, andererseits wollte ich mir einen mineralogischen Umweg zu Wolfgang Amadeus Mozart gönnen. Ich habe mich demnach ins Kremser Piaristengymnasium begeben und zufrieden festgestellt, dass Schulen immer noch so riechen wie vor fünfzig Jahren. Fündig bin ich auch geworden: Am oberen Ende der Haupttreppe steht ein Glasschrank, der einige Mineralien und den Namen eines berühmten Schülers präsentiert: Ludwig Köchel. Kaum einer steht so sehr in der Tradition stolzen Bildungsbürgertums des 19. Jahrhunderts, ohne übertriebene Untertänigkeit den kirchlichen und den weltlichen Mächten verbunden. Köchels Vater wirkte als „Kastenamtverwalter“ für das Bistum Passau und bewohnte mit seiner Familie den Großen Passauerhof, einen ehemaligen Zehenthof aus dem 13. Jahrhundert. Später übersiedelte die Familie an eine nicht minder prominente Adresse: Schürerplatz 8, das Mazettihaus, fast schon ein Palais: drei Geschosse, reich gegliederte Fassaden, mächtige Pilaster, von Vasen gekrönte Säulen, ein prunkvolles Wappen unter dem Giebel. Für den jungen Ludwig hatte die Welt also vornehmlich zwei Dimensionen: groß und großartig. Er nahm sich's zu Herzen, lernte tüchtig, studierte mit Eifer und ergriff in der Folge überaus achtbare Berufe. Ludwig Köchel war Erzieher der Erzherzöge Albrecht, Karl Ferdinand, Friedrich und Wilhelm. Er wurde zum Ritter geschlagen und wendete sich vermehrt seiner wissenschaftlichen Leidenschaft, der Botanik, vor allem aber der Mineralogie zu. Diese rege Tätigkeit hinderte ihn allerdings nicht daran, sein Hauptwerk zu verfassen: 1802 erschien sein „Chronologisch thematischer Katalog der Werke Mozarts". So nebenbei erwähnt: Er blieb in der Folge dem Thema Salzburg treu und in den folgenden Jahren publizierte er drei Bände, Geologie, Mineralien und Flora des Landes betreffend. So ganz von ungefähr ist die Befassung Köchels mit Mozart wohl nicht gekommen: Immerhin steht das Geburtshaus von Eva Rosina Pertl in der Oberen Landstraße gleich neben dem Großen Passauerhof. Frau Pertl, geborene Altmann, ist die Großmutter Mozarts mütterlicherseits. Außerdem hat der Wunderknabe auf seiner Reise nach Wien am 5. Oktober 1762 in Stein übernachtet.

Wir bleiben noch ein wenig in Stein. Diesmal geht es aber nicht um Gelehrsamkeit und Musik, sondern um harte Arbeit und Tabak. Das stimmt

Das Mazettihaus (links) erzählt von einem Bürgermeister, Jakob von Mayreck, der es sich leisten konnte, für sich in Stein eines der prächtigsten Barockbürgerhäuser errichten zu lassen. Ludwig Köchel hat hier die Jugend verbracht.

Ein Wachauer ohne Kalmuck (dem traditionsreichen Rock der Wachauer Winzer) und ein Mann ohne Virginia (aus der Tabakfabrik Krems/Stein) waren bis vor wenigen Jahrzehnten schier undenkbar.

so aber auch nicht, denn Kunst und Wissen bleiben sehr wohl Themen. Auf jeden Fall ist die Adresse in der Karl-Dorrek-Straße spannend. Zwei Tabakfabriken stünden dort nebeneinander, drängte sich nicht mit grauem Nachdruck die Justizanstalt Stein dazwischen. 1860 kaufte der Staat kurzerhand per Dekret ein Wirtshaus und machte eine Tabakfabrik daraus. Hier wurden Zigarren hergestellt, Virginia, genauer gesagt, die mit der dunklen, enorm kräftigen Würze und einem Geruch, der Tapferkeit abverlangte. Virginia gehörten zur unabdingbaren Grundausstattung von Fiakern (vermutlich schon in der Wiege), Kaiser Franz Joseph rauchte sie und später Julius Raab, der ja bei allem demokratischen Selbstverständnis schon auch etwas Feudal-Fürstliches an sich hatte.

Ich habe mich dieser rabiaten Rauchware in jungen Jahren während meiner Schulfahrten vom Salzkammergut ins ferne Ennstal und zurück bedient, um unerwünschte Mitreisende aus dem Eisenbahnabteil zu vertreiben – natürlich ohne das Wissen meiner Eltern. Ein zuweilen grünlicher, ins gelblich gehender Schimmer im Gesicht wird sie aber wohl nachdenklich gestimmt haben. Und dann war da noch dieses unvergleichliche Ritual: Das dünne Strohrohr herausziehen, ein Zigarrenende abbrechen, mit dem brennenden Halm entzünden und lässig darauf warten, dass Rauch aus dem Mundstück kommt. Der Erfolg der krummen Stinker war demnach garantiert: Hunderte von Arbeiterinnen stellten Jahr für Jahr Millionen davon her. 1918 war die Virginia dann sogar wichtiger als der verlorene Krieg und das Ende des Kaiserhauses. Der Bau einer neuen Fabrik wurde beschlossen: dreistöckig, Stahlbeton mit einer historisierenden Fassade davor.

Noch interessanter als dieser Neubau war allerdings das Wirken von Dr. Karl Dorrek, dem damaligen Direktor der Austria Tabakwerke: Er schuf mit der neuen Fabrik auch in sozialer Hinsicht Mustergültiges – und das in wirtschaftlich schwierigen Zeiten: Versicherungsschutz, medizinische Betreuung, Betriebsküche, Arbeiterwohnungen, Strandbad ... endlich einer, der sich den Straßennamen redlich verdient hat. Nicht Misswirtschaft, sondern verfeinerte Rauchsitten brachten das Unternehmen in Schwierigkeiten. Der Umsatz ging stark zurück, und 1991 kam für einen der wichtigsten Arbeitgeber in Stein und in der ganzen Region das Ende. Aber es geschah ein österreichisches Wunder, mehr noch, es geschahen zwei. In der alten Tabakfabrik setzt die Kunsthalle Krems heute erfrischend beunruhigende Akzente und die neue Tabakfabrik wurde (dem Architekten Manfred Wehdorn sei Dank) stilvoll und sensibel für die Donau-Universät Krems umgestaltet und durch ein modernes Haus ergänzt.

Gänzlich unbehaust, doch überall zuhause präsentiert sich hingegen eine Institution, die unverdrossen dagegen anspielt, eine Institution zu sein:

Die Fassade der Tabakfabrik in Krems/Stein ist von gestern, nur noch ein freundliches Zitat einer vergangenen Epoche. Aber die Donauuniversität gibt der versunkenen Arbeitswelt neue Perspektiven.

Johann Schmidt, der Vater des berühmten Kremser Schmidt, schuf unter anderem jene überlebensgroßen Figuren der Evangelisten, die den Turm der Stiftskirche Dürnstein bekrönen.

Alljährlich strickt das Musikfestival Glatt & Verkehrt gehörig ungehörige Klangmuster, bespielt die Wachau zu Wasser und zu Lande. Präzise inszeniert und hemmungslos improvisiert fällt Konventionelles fröhlich aus dem Rahmen und fügt sich Widerspenstiges ins Bild. Die große, weite Welt der Musik macht sich nicht klein in der Wachau, im Gegenteil: Sie wurzelt tief und wo immer sie mag, wächst über sich hinaus und in sich hinein in einen unheiligen Himmel.

Die nicht allzu tiefgründige Erkenntnis – siehe Mozart – dass geniale Söhne nicht selten weitaus weniger bedeutende Väter haben, aber doch recht begabte, in den Künsten wohlgeübte, bringt uns ins nahe Dürnstein. Dort gilt es fromm erhobenen Hauptes jene Heiligen zu betrachten, die den Turm der Stiftskirche schmücken. Der Künstler, welcher mit Können und Sorgfalt Hand an sie legte, trägt einen berühmten Namen: Schmidt. Allerdings geht es nicht um Martin Johann, besser bekannt als Kremser Schmidt, sondern um Johann, dessen Vater. Er arbeitete als Bildhauer mit Holz und Stein, wurde in Krems und Göttweig mit zahlreichen Arbeiten bedacht. In Hessen als Sohn einer Fassbinderfamilie geboren, kam er – warum auch immer – nach Österreich und heiratete in Grafenwörth die Tochter eines fürstlich trautensohn'schen Hofgärtners, der auch gelernter Fassbinder war. Solchermaßen noch immer auf dem schönsten Holzwege, zeugte er frohgemut einen Johann Andreas, der Schlossermeister wurde. Zwei Jahre darauf folgt der später weithin berühmte Johann. Dem Vater war es allerdings Zeit seines Lebens beschieden, Entwürfe großer Meister gekonnt auszuführen: Jakob Prandtauer, Josef Munggenast. Auch seine Auftraggeber hatten Rang und Namen: Der kunstsinnige Chorherr Probst Hieronymus Übelbacher, der umtriebige Göttweiger Abt Gottfried Bessel. War Schmidt, der Vater, nun Künstler oder ambitionierter Handwerker? Gibt es denn überhaupt einen Unterschied? Es wird wohl an der Art der Wahrnehmung liegen, wie Adalbert Stifter meint: „Die Kunst ist die irdische Schwester der Religion. Wenn wir ein Herz haben, sie zu vernehmen, dann werden wir erhoben und beseligt."

Der nächste Schauplatz findet sich am rechten Donauufer. Schönbühel macht neugierig, weil nicht alle Türen so einfach offen stehen. Das Schloss ist Privatbesitz, aber das ehemalige Servitenkloster kann besichtigt werden, wenn der Pfarrer einverstanden ist. Bei näherer Betrachtung erscheinen die Konturen dieser kleinen Welt am Strom zusehends verwischt und verwirrt. Wozu dienten die heute verschütteten Gänge im Schlossfelsen? Und war das doch recht wehrhafte Gemäuer nicht eher ein Verließ, als ein feudaler Wohnsitz? Und wie war das wirklich mit dem liederlichen Schlössl, dessen Stelle das Kloster

Der Kartause Aggsbach waren mehr turbulente Zeiten als Phasen der Hochblüte gewährt. Heute steht die Anlage Besuchern offen und die heilige Messe wird noch heute dort gefeiert: jeden Sonntag um zehn.

heute einnimmt? Und die Kartause am Ortsende, verfallen, wieder aufgebaut, doch dann aufgegeben? Aber der Reihe nach: Am Anfang ist ja noch alles klar. Anfang des 12. Jahrhunderts haben die Herren von Schoenbuchele ein trotziges Bauwerk auf die steinerne Kanzel über dem Strom gestellt. Zweihundert Jahre später haben es die Fürsten Starhemberg zu einem unmissverständlichen Denkmal ihrer Streitlust ausgestaltet. Auf dem Felsen nebenan stand eine mittelalterliche Donauwarte, in den Urkunden als

Jerusalem ist überall, auch im Fels unter dem Servitenkloster Schönbühel: Christi Geburt in der Muschelgrotte, dem Anlass entsprechend heiteres Himmelsvolk, kryptisches Mauerwerk, orientalische Pracht …

„Unteres und Oberes Blashaus“ genannt, später als „Lusthäusl“ bezeichnet, oder gar als „Teufelsschloss“. Die Bedeutung eines „Blashauses“ als Ort hörbarer und sichtbarer Signale für die Donauschifffahrt leuchtet ein. Aber wie kommen dann die Lust und der Teufel ins Spiel? Jedenfalls waren die Starhemberger in der adeligen Gesellschaft des 16. Jahrhunderts als Protestanten schier übermächtig. Als sich endlich das Haus Habsburg und die katholische Kirche in entschlossener Innigkeit wiederfanden, räumte die Gegenreformation mit gottgefälligem Eifer und frommer Gewalt auch in der Wachau auf. Spitz und Weißenkirchen, vordem unerschütterlich in der Hand der Protestanten, wandten sich erschrocken dem alten Glauben zu, aber Schönbühel blieb vorerst ein grimmiger Hort des Widerstandes. Gut möglich, dass die Herren Starhemberg ihren Gegner mit Schloss Schönbühel die harte Hand der Macht bewiesen, aber es nebenan, im Lustschlössl, recht vergnüglich fanden. Solch sittenloses Tun war natürlich eine Teufelei und ein ebenso frommer wie katholischer Donauschiffer kam nicht umhin, sich zu bekreuzigen und Angst vor bösen Geistern zu haben. Aber die Mächte der Finsternis hatten auch in Schönbühel ein Ablaufdatum. Conrad Balthasar von Starhemberg, sehr katholisch und schaudernd auf seine ketzerischen Vorfahren zurückblickend, schritt zur tätigen Reue: An der Stelle des verrufenen Schlössls ließ er ein Gotteshaus samt Kloster nebst

Kalvarienberg erbauen und darunter getreu nach dem Vorbild der Jerusalemer Grabeskirche eine Kapelle nebst Muschelgrotte in den Fels hauen, eine verwirrende Anlage mit Treppen, Gängen und versteckten Höhlungen. Er widmete den Komplex den Serviten. 1980 musste das Kloster aufgelassen werden. Es wird heute von der Pfarre betreut.

Bleibt die Kartause. Merkwürdig intakt, ja unzerstörbar wirkt der Komplex von außen, ist aber doch nur als ein Findling aus einer vergangenen Welt in unsere Zeit geraten. Heidenreich von Maissau hat sie mit seiner Frau Anna von Kuenring Ende des 14. Jahrhunderts gestiftet. Kartäuser aus Mauerbach zogen ein, waren sehr ernst, sehr schweigsam und sehr streng. Als ihr erster Prior zur Beerdigung des Stifters auch den Frauen der Familie den Zutritt in den Klosterbereich erlaubte, wurde er seiner Würde enthoben. Bis ins 15. Jahrhundert blieb die Kartause ungestört und war mit Gütern ausreichend versorgt. Doch dann zehrten Abgaben in den Türkenkriegen an der Substanz und ringsum machten sich Protestanten breit. Die wenigen verbliebenen Kartäuser konnten den Verfall der Gebäude nicht verhindern. Dem Wiederaufbau folgten neue Heimsuchungen, auch staatliche Eingriffe – den letzten, entscheidenden, unternahm Kaiser Joseph II. und tat, was von ihm zu befürchten war: Er hob das Kloster auf. Nachtrag: Manchmal, bei Niederwasser, ragen zwei Felsbuckel, im Volksmund Kuh und Kalb genannt,

Von der Donauterrasse des Servitenklosters fällt der Blick auf Schloss Schönbühel. Die aufmüpfigen Felsen „Kuh und Kalb" sind auch präsent. Erstere unübersehbar, letzteres nur als zartes Gekräusel zu erkennen.

aus der Donau. Nur diese beiden sind von der Sprengung anlässlich der Donauregulierung verschont geblieben. Schönbühel hat schon was Eigenes ...

St. Michael, am linken Donauufer, ist ein merkwürdiger Ort, nach Weißenkirchen eingemeindet, mit ein paar Häusern, die in der Talenge gerade noch Platz finden. Davor aber schiebt sich ein ungewöhnlich wuchtiger Kirchenbau auf einem Felsen dicht ans Ufer, umgeben von einer Wehranlage, die keine Zweifel an ihrer Bestimmung offen lässt. Hier hat man es mit zur steinernen Faust geballter Frömmigkeit zu tun. Und hier hat die christliche Wachau ihren Ursprung. Schon im 9. Jahrhundert gab es in diesem Bereich, den Kaiser Karl nach 800 an das Hochstift Passau schenkte, eine Pfarre und eine Kirche. Seit damals ist allerdings kaum ein Stein auf dem anderen geblieben. Dem romanischen Bau folgte in der ersten Hälfte des 16. Jahrhunderts ein spätgotisches Gotteshaus, von mächtigen Mauern und fünf Türmen umgeben. Diese unübersehbare Wehrhaftigkeit hinderte allerdings spanische Hilfstruppen nicht daran, wenig später den Kirchturm in Brand zu setzen, der daraufhin mit Zinnen versehen wurde. Die Innenausstattung der Kirche ist heute barock. Doch die Spuren der Vergangenheit sind nicht ganz verwischt: Romanische Grabsteine fanden als Altarstufen Verwendung und, tief in den Felsen gemeißelt, verbirgt sich eine bislang unerforschte Unterkirche. Aber auch die 1395 gestiftete Karnerkapelle bewahrt dunkle, schwere Beständigkeit.

Hier hat man es mit zur steinernen Faust geballter Frömmigkeit zu tun. Und hier hat die christliche Wachau ihren Ursprung.

Ein anderes Bauwerk, das gleichermaßen verloren wie theatralisch zwischen den Weingärten von Loiben himmelwärts ragt, übt sich hingegen in triumphalem Totengedenken. Es kündet zwar von „tapferen Kriegern Frankreich Österreich Ruszland“, aber auch von Zeiten, in denen es auf Befehl der Herrschenden für aufrechte Patrioten und treue Untertanen kaum Ehrenvolleres geben durfte, als einander aufs Blutigste zu massakrieren. Das Jahr 1805 brachte auch für die Wachau wieder einmal kriegerische Zeiten. Napoleon zog gen Osten, um Wien zu erobern, und auch mit Österreich verbündete russische Truppen waren an der Donau unterwegs. Gegen Ende des Jahres häuften sich die schlechten Nachrichten: In Grein machten sich Truppen der Franzosen breit und eine Seuche brach aus. Es wird von über 2.000 Toten berichtet. Die Emmersdorfer wiederum sahen erschrocken viele Russen auf kleinen Schiffen und schnell gezimmerten Flößen die Donau hinabtreiben – ein übles Indiz für den Anmarsch der Franzosen. In Melk indes gab sich der kleine große (und zuletzt ganz kleine) Korse als Weltmann. Sein achtspänniger Wagen hielt vor dem Stift an, alle Glocken läuteten und der Prior in vollem Ornat begrüßte Napoleon in geläufigem Latein. Man begab sich ins Kaiserzimmer, besichtigte die Bibliothek und feierte eine stille Messe. Dann entspannte sich der Feldherr im Stiftsgarten, kostete vom Wein und meinte, dass er bei seinem letzten Feldzug besser geschmeckt habe. Ob er denn gar mit Wasser vermischt sei? Anderntags brach er nach St. Pölten auf. Eben dieser Tag sollte aber auch mit der „Schlacht von Loiben“ Ungemach für einen Teil seiner Truppen bringen. Diese waren am linken

Memento mori im Karner von St. Michael: eine barocke Knochenpietà, eine jener Mumien, die noch immer Rätsel aufgeben, und – nicht ganz so jenseitig – Witwenzöpfe.

Donauufer nach Osten vorgedrungen, während die Russen unter Marschall Kutusow von Mautern her auf der alten hölzernen Brücke die Donau überquerten. Zu schlechter Letzt ließen sie diese erste Brücke der Wachau in Flammen aufgehen. Kurzerhand war damit für fast hundert brückenlose Jahre gesorgt. Im Hügelland um Egelsee trafen die Russen auf die Österreicher. So war es möglich, mit vereinten Kräften die Franzosen früh am Morgen vom Rücken her anzugreifen. Das Gefecht zog sich über den ganzen eiskalten Novembertag. Dann musste sich der, in Dürnstein eingekesselte, General Mortier seine missliche Lage eingestehen und zog sich, von Kleingewehrfeuer aus den Weingärten verfolgt, eilig über das Wasser zurück. Viele, sehr viele Tote blieben zwischen den Weinstöcken zurück. Marschall Kutusow erklärte sich zum Sieger und sogar Leo Tolstoi gab ihm in seinem historischen Epos „Krieg und Frieden" recht.

Der um 1900 in Krems lebende Vorarlberger Autor Josef Wichner sah das freilich nicht ganz so triumphal:

„Unterdessen rückte Mortier mit der Hauptmacht an, und nun entspann sich ein heisses Ringen, Mann gegen Mann, das durch volle acht Stunden währte. Um die Siedlungen und in den Weingärten türmten sich die Leichen auf, Loiben wurde dreimal erstürmt, dreimal verloren, schließlich von den Russen, die unter den armen Bewohnern grausamer wüteten als selbst die Feinde, in Brand gesteckt."

Von der ohnmächtigen Wut der Loibner kündet eine sagenhafte Begebenheit, deren Wahrheitsgehalt recht hoch sein dürfte. Während der Holzarbeit im Wald stießen drei Landwirte aus Joching auf drei von ihrer Truppe abgesprengte Franzosen und erstachen sie mit ihren „Zwei-Kreuzer-Feiteln". Das musste natürlich geächtet werden: Sie durften sich in der Kirche fortan nie wieder setzen, sondern mussten neben dem Taufstein stehen. Ein „Franzosengraben", auch „Franzosenhölzl", ist übrigens noch heute zwischen Joching und Weißenkirchen zu finden.

Der österreichische Befehlshaber, Feldmarschall Heinrich Sebastian Schmidt, musste übrigens mit der dunklen Seite des Loibner Waffenganges vorliebnehmen – er wurde von einer verirrten Kugel tödlich getroffen. Immerhin bekam auch er ein Denkmal: einen Sarkophag aus Marmor auf dem Promenadeplatz zwischen Stein und Krems. Der hinlänglich bekannte Joseph Kyselak merkt dazu säuerlich an: „... weil der Österreicher sich überall lieber frühzeitigen Ehrentod wünscht, als unberühmt später zu verhauchen und Beispiele davon auf Erlustigungsörtern die herrschenden Gesinnungen adeln".

Auch später, als Napoleon längst mit bösem Behagen in Schönbrunn saß, dachte er nicht daran,

So inszenieren sich Menschen: ruinöser Ritterstolz ganz klein am Horizont, naive Frömmigkeit im Vordergrund, Weingärten ringsum und in der Mitte das Denkmal eines Sieges, erkauft mit vielen, vielen Toten.

die Wachau zu vergessen. Krems und Stein wurden angewiesen, an seinem 40. Geburtstag 100 Eimer Wein verlässlich ins Rohrendorfer Barackenlager der Franzosen zu liefern und im Zuge einer Inspektionsreise machte der Korse in Stift Göttweig halt. Er speiste dort zu Mittag. Mit einiger Erleichterung vermerkte der Prior: „... daß seine Gegenwart uns mehr zum Troste gereichte als zu einer Last und einige der übrigen Generale von seinem Beispiel lernen könnten, mit uns schonender umzugehen“.

Napoleon ist der Wachau aber auch noch auf einandere Weise verbunden. Das liegt an einem seiner wissenschaftlichen Mitarbeiter, dem französischen Chemiker, Maler und Erfinder Nicolas-Jacques Conté. Er regte zum Beispiel den militärischen Einsatz von Fesselflugballons an und entwickelte eine hydraulische Presse. Als er das Gießen von Kanonenkugeln vereinfachen wollte, experimentierte er durchaus erfolgreich mit Graphit und wurde so nebenbei zum Miterfinder des Bleistiftes (die allerersten Blei-Stifte hatten ihren Namen noch zu Recht getragen und die späteren Graphit-Stifte hießen dann immer noch Bleistifte). Daher kam es zur kuriosen Situation, dass während der napoleonischen Kriege die Ausfuhr von vordergründig harmlosen englischen Bleistiften nach Frankreich verboten war – weil Graphit eben auch einen militärischen Nutzen hatte. Stellt man sich nun die Frage, warum der Ackerboden rund um Mühldorf, im sanften Hinterland der Wachau am Spitzerbach gelegen, so merkwürdig schwarz ist, liegt eine scharfsinnige Antwort nahe: Graphit. Etwa 10 Jahre lang wurde Graphit in Mühldorf abgebaut, ein Mineral aus der Gattung der Elemente, mit nobler Verwandtschaft – wie auch der Diamant

Daher kam es zur kuriosen Situation, dass während der napoleonischen Kriege die Ausfuhr von vordergründig harmlosen englischen Bleistiften nach Frankreich verboten war.

besteht Graphit aus reinem Kohlenstoff. Für Menschen war dieses Material schon in prähistorischer Zeit von Nutzen. Graphit wurde zum Färben benutzt, fand bei Keramik Verwendung und erhöhte die Feuerfestigkeit von Kochtöpfen. Schon früh, vor allem in China, wurde auch mit Graphit geschrieben.

Der Abbau von Graphit rings um Mühldorf hatte allerdings wenig mit Schreibmaterial zu tun. Es wurden – im nahen Unterranna – wohl auch Bleistifte hergestellt, hauptsächlich ging es aber um Gussformen der Eisenindustrie, die Herstellung von Glas, Dachpappe und Farben, aber auch um Gleit- und Schmiermittel. Für die Region bedeutete dieses Unternehmen, das bis zu hundert Arbeiter beschäftigen konnte, vor allem in den Notzeiten nach Napoleon, einen unschätzbaren Wirtschaftsfaktor.

Auch eine in nicht nur schönen Farben schillernde Unternehmerpersönlichkeit ist hier zu erwähnen: Ernst Vergani. Er ging in Lemberg zur Schule, studierte an der Bergakademie in Chemnitz und an der Montanistischen Hochschule in Příbram. Als Mitglied des Nationalen Vereins in Krems arbeitete er dann hart an seiner Deutsch-Werdung. Vergani schloss sich dem deutschnationalen und antisemitischen Georg von Schönerer an, er gründete eine Ortsgruppe des Deutschen Schulvereins, wurde Bürgermeister, Reichstagsabgeordneter natürlich auch – und er ließ sich, weil sein Freund und Mentor

Wohlgefüllte Fässer konnten in der Wachau seit jeher nur Gutes bedeuten, auch wenn sie mit Graphit gefüllt waren.

im Gefängnis saß, auf Burg Aggstein als dessen Nachfolger feiern. Zur weiteren Hebung seiner Laune brachte ihm eine Heirat in Mühldorf beträchtliche Besitzungen ein. Fortan wohnte er dort feudal im Trenningschlössl und wurde Eigentümer des gesamten Graphitabbaus. Mit der Gründung des Deutschen Volksblattes geriet Vergani erst einmal in finanzielle Schwierigkeiten, verkaufte die Bergwerksbetriebe, wurde dann aber doch wieder reich und verbrachte seinen Lebensabend in einer Villa in Emmersdorf.

Noch 1958 stand im „Merian" zu lesen: „Mühldorf ist heute durch Gänge und Schächte unterminiert. Tag für Tag rattern dort die Bohrer, knallen die Sprengungen". Im selben Jahr wurde der Betrieb geschlossen.

Nachtrag: Wie es sich für ein Bergwerksunternehmen in der Wachau so gehört, wurde der Graphit bis 1945 in ordentliche Holzfässer gefüllt und darin versandt. Fässer sind eben die angestammten Gebinde im Lande. Dass nach der Umstellung auf Natronpapiersäcke das Ende näher kam, muss keinen wundern.

Land am Strome

Darf es hymnisch sein, wenigstens am Anfang dieses letzten Kapitels? Wieder kommt jener Josef Wichner zu Wort, der es als Vorarlberger Einwohner der Wachau erstaunlich gekonnt fertig bringt, hehren Pathos, stimmige Klischees und konkrete Substanz auf einen Nenner zu bringen.

„Goldne Wachau, des gewaltigen Stromes lieblichste Tochter, schattendes Waldtal, wonniglich Weinland, ich grüße dich! Vor undenklichen Zeiten schuf dich der Strom, mit nimmermüdem Anprall durchbrach er das Bergland, und so wardst du, weltfernes Tal, geborgen und vor widrigen Winden geschützt, also daß in deiner Ureinsamkeit sich's regte in der Pflanzen und Tiere üppigem Wachstum. Dich durchschweifte mit Steinaxt, Lanze und Pfeil ein uraltes Jägervolk, plumper Urwelttiere Zeitgenoß und Besieger, auf den Wellen deines Erzeugers schwammen römisch Trieren, du sahst der Völker wild Gewoge, den Sieg germanischer Urkraft über Romas

Weltherrschaftsgelüste, einer tieftraurigen Königin Hochzeitszug und der Nibelungen Todesfahrt ins Heunenland. Deine Kirchen zeugen vom Siege der milden Christuslehre; deine Burgen von hehrer Ritterherrlichkeit, aber auch von der blutigen Gewalttat entarteten Adels; deine Siedlungen vom einstigen Wohlstande des aufstrebenden Bürgertums und dem an der schönen Natur genährten Schönheitssinne der Bevölkerung, aber auch von verheerenden Einfällen fremder Eroberer. Und in all dem Wandel menschliche Geschicke spendet dir der Himmel seine besten Gaben, und es durchrauscht dich wie ehedem segenbringend der herrliche Strom."

Segenbringend? Bei meinem Gespräch mit Gottfried Hinterholzer in Oberloiben habe ich durchs Fenster auf die nahe Donau geschaut: „Schön haben Sie's da!" Seine Antwort: „Ja, bis das Wasser wieder einmal kommt." Acht Tage später war es da, das Wasser, im Hof, im Haus.

Hochwasser ... zu viel Donau für die Menschen in der Wachau, für die Schiffe, fürs flache Ufer. Für die Donau ist es eine Rückkehr in die eigene Vorvergangenheit, ins Meer. Die Landschaft um Spitz war eine Meeresbucht, in der Riede „hinter Kirche" wurden Austernschalen gefunden, das Loibner Becken hat eine maritime Vergangenheit. Von Krems aus verengt sich das weite Tal allmählich, man spricht vom „Spitzer Trichter". Vor etwa 15 Millionen Jah-

Die Holzdecke in der Stube des Bauernhofes von Gottfried Hinterholzer ist hunderte von Jahren alt. Der Schlamm darunter ist neu.

Gelassenheit im Umgang mit Naturgewalten gehört in der Wachau zum wohl oder übel geübten Ritual. Doch nicht jedes Unglück lässt sich leichthin umschiffen.

ren drangen hier Meeresfluten vor. Gut möglich, dass ein schmaler Arm weiter bis Melk reichte, wie auch im Osten, dem Pielachtal folgend. Der Dunkelsteinerwald war demnach eine Insel. Austern kommen übrigens gut mit dem schwankenden Salzgehalt zurecht, wie es im Bereich einer Flussmündung vorkommt. Vom Tausendeimerberg in Spitz aus gesehen, ist noch heute recht plausibel nachzuvollziehen, wie die Urdonau, aus dem Waldviertel kommend und dem breiten Tal des heutigen Spitzer

Baches folgend, ins Meer mündete. Mögen die Geologen weiter rätseln und ihre Schlüsse ziehen – auch darüber, warum die Donau wie wir sie heute kennen, von Melk aus nicht ihren Weg durch die nachgiebige Molasse Richtung St. Pölten fortsetzte, sondern, Bruch- und Störungslinien ausnützend, sich ihren Weg durchs harte Gestein der Böhmischen Masse bahnte. Schon merkwürdig, diese Kontinuität der Gegensätze seit damals ... Barriere und Öffnung, Abgrenzung und Durchdringung, das Fließende und das Beharrende, Ufer, die einander nahe sind, und doch liegen Welten dazwischen. Und dann noch spröde Beziehungen. Das Waldviertel und der Dunkelsteinerwald lassen dieses helle, sonnige Tal nur als Ausnahme von ihrer kühlen Gebietshoheit gelten, die Donau als einen Fluss mit Immigrationshintergrund, na schön, mit vorerst unbefristeter Aufenthaltsgenehmigung. Der Strom seinerseits erklärt die waldigen Randerscheinungen zur Ausnahme, zieht seiner Wege und wäre immer noch ungestört der Alte, gäbe es nicht diese Menschen an ihm und auf ihm. Sie haben die Hänge in ein Netz von Mauern verstrickt, ebene Flächen im Unebenen geschaffen, sie haben ihre Häuser überall dort gebaut, wo die Landschaft und die Weingärten ein wenig Platz übrig ließen. Und dann sind sie auch noch frech geworden: Eisenbahn, Uferstraße und zuvor aber noch der Widerspenstigen Zähmung, die Austreibung der Nixen und Wassermänner, die – welch schreckliches Wort –

Regulierung. Das Kaiserhaus erteilte mittels Navigations-Direktion 1770/71 den Auftrag, die Beseitigung der Schifffahrtshindernisse vorzunehmen. Felsen wurden gesprengt, ihre armseligen Reste verfrachtet und zum Arbeitseinsatz auf Treppelwegen abkommandiert.

Die Donau war gezähmt, aber beleidigt und ließ es sich nicht nehmen, wie eh und je mit Eisstößen und Überschwemmungen aufzubegehren. Doch selbst diesem Umstand war abzuhelfen, legte doch das Zeitalter der Industrie die Überlegung verführerisch nahe, die Donau für die Energiewirtschaft in die Pflicht zu nehmen. Damit wäre der Fluss als Stausee in ein zeitgemäßes Bett verwiesen, kontrollierbar und nützlich. Davon abgesehen könnte der Strom natürlich auch weiterhin strömen – aus der Steckdose. Doch plötzlich fand die Donau Verbündete, Bewohner der Wachau, die sahen, erkannten, spürten, dass ihr in Jahrhunderten gewachsener Lebensraum ernsthaft bedroht war. 1971 hatten die Donaukraftwerke ihren Plan vorgestellt, die Staustufe Rossatz-Rührsdorf zu bauen. Auch die Bezeichnung „Staustufe Dürnstein“ wäre treffend gewesen, klang aber gar nicht gut.

Schon wenig später traten zwei Männer auf den Plan, die in den folgenden Jahren mit Freunden und Mitstreitern viele wesentliche Weichen stellten: Franz Hirtzberger, damals Bürgermeister von Spitz, und der weithin unumstrittene Doyen des

Kommt es zum Eisstoß in der Wachau, sind die Zerstörungen erschreckend: zerdrückte Schiffe, beschädigte Brücken und – wenn gesprengt wurde – Hochwasser. Für die hölzerne Fähre von Spitz brachte der Winter 1929 das Ende.

Wachauer Weinbaus, Josef Jamek. Bundesminister Moser spürte Gegenwind und schob die leidige Angelegenheit in bewährter Weise einem Arbeitskreis zu. Die Wachauer sammelten Unterschriften, die Donaukraftwerke zeigten eine nette, verniedlichende Diashow. Experten prüften, Staatssekretär Dr. Veselsky war sich seiner Verantwortung bewusst (was immer das bedeuten sollte), ein „Blaubuch Wachau" pries die vielschichtige, sensible Identität dieser Region. Gutachter äußerten sich vorsichtig ablehnend, ein Antrag auf Zuerkennung des Europa Diploms wurde in letzter Minute von der Tagesordnung genommen, weil es dann doch zu einem Schulterschluss zwischen der Kraftwerkslobby und der Regierung gekommen war. Aber: Bruno Kreisky setzte listig ein „Beratendes Komitee" ein. Das Kampfgeschehen währte schier endlos, insgesamt gut zehn Jahre lang. Dann folgte – unter argwöhnischer Beobachtung der Kraftwerksgegner – ein zögerlicher Rückzug. Erst mit der Verleihung des „Europa Diploms" verstummten die Freunde der Staumauer vollends. Die Regierung sprach, das sei ja schon immer ihre Ansicht gewesen und verlieh den Herren Hirtzberger und Jamek flugs das Goldene Ehrenzeichen der Republik.

Aber auch dieser schöne Sieg konnte nur ein Anfang sein. Schon war es dringend angeraten, wieder einmal den tieferen Sinn vordergründig harmloser Vorhaben zu erkennen. So konnte das Ziel der Europäischen Union, „die Donau auszubauen", letztlich auch viel Ungemach für den Strom bedeuten. Aber den „Arbeitskreis Wachau" gibt es seit Jahrzehnten noch immer und man möchte meinen, mehr denn je. Es mangelt nicht an neuen Themen, die nunmehr in Zusammenarbeit mit allen Wachau-Gemeinden angegangen werden. Ganz im Sinne seines Vaters formulierte Hannes Hirtzberger 1994*:

„Unsere Vorfahren sind in eine Partnerschaft mit der Landschaft getreten. Die Weinbauterrassen, die sich in die Landschaft fügen, zeugen davon. Das waren kulturvolle Eingriffe in die Landschaft, mit menschlicher Arbeit verbunden. In dieser Hinsicht müssen wir die Kontinuität bewahren, auch indem wir Überlegungen der Bescheidenheit und des Verzichts anstellen."

Ein paar Schritte genügen, um aus der Welt flüchtiger Besichtigung ins neugierige, dichte Erleben zu tauchen, fast schon familiär zu werden mit der Wachau und ihren Menschen.

Das ist alles sehr schön und lässt für die Zukunft hoffen. Und es ist ja auch geradezu unglaublich, was an eigensinniger, verschrobener, wuchtiger, verspielter Substanz geblieben ist und wie gut es gelingt,

---

* Aus Vene Maier/Robert Sommer: „Die Wachau". Wien 1994, © Falter Verlag

Donauzillen sind für die Wachau seit Jahrhunderten unverzichtbar: stabile Wasserlage, geringer Tiefgang und famoses Gleiten. Die Dürnsteiner Zillenfähre verkehrt im Sommerhalbjahr nach wie vor.

damit zu leben statt sie im Sinne einer möglichst effizienten Vermarktung nur noch zu bespielen und damit letztlich zu verspielen. Ein paar Schritte genügen, um aus der Welt flüchtiger Besichtigung ins neugierige, dichte Erleben zu tauchen, fast schon familiär zu werden mit der Wachau und ihren Menschen. Aber ganz so leicht ist es dann doch nicht für einen von draußen, ich weiß schon, soll ja auch so sein. Eine wissende Unschuld liegt über allem: Man verkauft gerne, aber man verkauft sich nicht, ist zu Techtelmechteln aller Art bereit, solange es dabei möglich ist, sich selbst treu zu bleiben. Sehr schön das alles, sehr erfreulich und imposant. Aber dennoch: Angesichts dieser schwimmenden Zinskasernen der Luxusklasse, die seit einigen Jahren in zunehmender Dichte die Donau verstopfen, wird schon auch Sehnsucht wach, Sehnsucht nach den bunten, sinnlichen Zeiten der Donauschifffahrt. Natürlich war's auch gefährlich, eine mörderische Schinderei auch, vor allem für die Rossknechte der Schiffszüge stromaufwärts. Auch ein trockener Beamter wie Freund Kyselak legt da einige Dramatik in seine Zeilen, obwohl er ungefährdet an einem Schiffszug, schwer beladen mit Tabak und Pferden, vorbeiglitt:

„Schrecklicher, ja wirklich Tod bringend schien den Roßknechten (Jodeln) jeden Augenblick der Ritt zu werden. Sie mußten, um die Schiffskarawane im hohen Wasser zu erhalten, eine Untiefe durchreiten.

Ein junger Bursche (Wagehals), mit seinem Gaule unangeheftet an das Schiffstau, drang mit einer langen Stange, das Wasser damit zu messen, ziemlich weit voraus. Oefter sah man nichts als seinen, und den Kopf des Pferdcs aus dem Wasser hervorragen; demohngeachtet wurde fortgeritten; hoben ihn die erzürnten Wellen und schleuderten ihn eine Strecke zurück; er rief (noch mit den Wogen kämpfend) und der ganze Zug stand, ohne sich um die Gefahr ihres Warners zu kümmern, dem unterdessen sein kräftig Ross eine seichte Stelle errang; nur wurde wieder eine andere Passage zu erspähen vorgedrungen, und die bis an die Brust im kalten Strome reitenden Knechte folgten ihrem Wegweiser stürmisch, unermüdet die riesigen Hohenauer = Gaule mit Peitsche und Kehle gleich furchtbar anspornend.“

Letzteres kenn ich ja auch vom Schreiben, wenn’s einmal sehr, sehr dringend ist, aber den ganzen berittenen, nasskalten Rest muss ich nicht haben. Anderseits: die Feste in den Uferschenken ... wilde Musik, loderndes Feuer, unaufgeräumte Frauenzimmer und womöglich das Donauweibchen dazwischen, aus den Tiefen des Stromes zum Tanz gekommen, rothaarig, grünäugig, kenntlich am nassen Saum ihres Kleides. Und dann diese schwimmende, anlandende, bunt befrachtete Vielfalt: Bayerische Kelheimer, Ulmer Schachteln, dicke, plumpe Urschen – das oberösterreichische Wort für Sautrog – gewaltige Flöße

Der Querverkehr als Schifffahrt mit begrenzten Möglichkeiten. Während Rupert Berger auf dem Foto freundlich und verlässlich in die Welt schaut, sehen seine von Siegfried Stoitzner gemalten Kollegen die Sache dramatischer.

und natürlich Zillen aller Art: Obstzillen, Essigzillen, Zwiebelzillen. Und alle Schätze dieser Welt an Bord: Salz und Eisen natürlich, aber auch, wie aus der Emmersdorfer Markordnung ersichtlich, „Venedische Waren, Kölnische Sprengseide, Venedisch Papier, Gläser, Augsterne, dann Nürnberger, Passauer, Tullner und St. Pöltner Tuch. Kolonialwaren aller Art, besonders Öl“. Den Schubverbänden unserer Zeit mangelt es an Kostbarkeiten, allenfalls sind ein paar Gläser Kaviar unter der Kohle versteckt.

Jetzt muss ich noch das Schifffahrtsmuseum in Spitz rühmen: Das liegt einerseits am Schloss Erlahof, in dem es unterbracht ist, ein ebenso prächtiger wie sinnenfroh verspielter ehemaliger Lesehof des Stiftes Niederaltaich. Kein Wunder, dass dort die geistlichen Herren mit kontemplativer Lust ihre sommerliche Residenz einrichteten. Vor allem aber liegt es daran, dass dort eine historische Schifffahrt auf der Donau ohne unbehagliche Begleiterscheinungen möglich ist, als Übung im Trockenen. Ein Aspekt ist mir dabei besonders wichtig geworden: die Querschifffahrt – liegt mir irgendwie. Gegen den Strom ist die Fortbewegung mühsam und verbraucht viel Energie, mit dem Strom können es alle, aber quer? Da macht das Vorankommen Spaß und das rettende Ufer ist nahe. Andere hatten natürlich seit jeher gute und vernünftige Gründe, sich dem Fährmann anzuvertrauen. Personen wurden bis ins 19. Jahrhundert mit Zillen übergesetzt, Waren mit Plätten oder Mutzen. Und natürlich war alles streng geregelt: Die Landesfürsten übergaben die Fährgerechtigkeit an den Adel und die Klöster, welche ihrerseits Fährleute, auch Förgen genannt, mit dem Geschäft betrauten. Die durften gerechten Lohn für ihre Arbeit nehmen, waren aber auch für ihre Schiffe verantwortlich. Dann folgten „Fliegende Brücken" mit einem im Wasser liegenden Seil, das natürlich der Längsschifffahrt im Wege war. Besser lief es mit hölzernen, später eisernen Fähren, deren Seile hoch über dem Wasser angebracht waren. Noch gibt es Fähren in der Wachau, wie jene zwischen Spitz und Arnsdorf. Im Museum hängt übrigens ein Gemälde, das zwei Kollegen Rupert Bergers zeigt. Überaus seemännisch schauen die beiden drein, kühn dem Wind und den Wellen trotzend und mit scharfem Blick das gar nicht ferne Gestade ins Auge fassend. 49 Jahre lang steuerte Herr Berger unbeirrt sein Boot das Seil entlang, hielt den Bug mit starker Hand gegen die Strömung, fügte Anlegemanöver an Ablegemanöver und kannte – von den Fremden einmal abgesehen – vermutlich jeden seiner Passagiere beim Namen, und das schon lange. Gerne hätte ich ihn kennen gelernt, diesen erfahrenen, verlässlichen Mann, der tagaus tagein die Donau befuhr, weitgereist, wenn auch in kleinen Etappen und quer.

Jetzt komme ich doch wieder zum Längsverkehr: Ein paar Jahrzehnte lang, ungefähr von 1850 bis 1880 tat sich Befremdliches auf der Donau, besser gesagt, tief unten in ihrem Bett. Dort lag – von Wien bis Ybbs reichend – eine schwere Kette, die im Inneren der Frachtschiffe über dampfgetriebene Zahnräder geführt wurde: So quälten sich die schweren Kähne unter ohrenbetäubendem Gerassel stromaufwärts: Du arme Wachau.

Manches ist eben aus guten Gründen von gestern, und dabei sollte es auch bleiben.

Bildnachweis

Sammlung Elfriede Maria Klepoch: Seite 46 alle, 51 oben und unten, 52, 55 links, 56, 61, 62 alle, 78, 86 oben und unten, 93, 94, 120 oben und unten, 127 oben, 144 unten, 152, 178, 181 oben und unten, 184 unten

Alfred Komarek: Seite 3, 6, 11, 12, 15, 18/19, 25, 26, 31, 32, 35, 36 alle, 39, 40 alle, 43 alle, 49, 55 rechts, 60, 65, 81 alle außer links oben, 89 alle, 97, 101, 104 alle, 107, 108 alle, 111, 123 alle, 124, 127 unten, 128 alle, 131, 138, 141, 144 oben, 147, 151, 155, 156, 159, 160 alle, 163, 166 alle, 169, 172 oben, 177, 184 oben

Sammlung Alfred Komarek: Seite 72

Sammlung Hotel Mariandl, Spitz: Seite 75, 81 links oben

Sammlung Florian Mistelbauer, Hotel Wachauerhof, Spitz: Seite 68

Stift Göttweig: Seite 112/113

Wachauer Safran, Mag. Bernhard Kaar: Seite 135

Gemeinde Mühldorf: Seite 172 unten

Schifffahrtsmuseum Spitz: Seite 187 alle

Dank

Viele haben dazu beigetragen, dass dieses Buch entstehen konnte. Einige von ihnen möchte ich persönlich nennen, artig nach dem Alphabet gereiht und der Einfachheit halber ohne Titel.

Anton Bodenstein, von dem ich zuhörend und verkostend sehr viel gelernt habe, Gottfried Hinterholzer, der mich ein wenig sein Leben mitleben ließ, Thomas Hofmann, der mich neidlos mit den Früchten seines Fleißes beschenkte, Bernhard Kaar, den neuen Hüter alter Schätze, Elfriede Maria Klepoch, die kluge Ratgeberin mit vielen wohlgefüllten Schachteln, Fritz Miesbauer, reich an Wein und Wissen, und Anton Steiner, der seine Buchregale für mich plünderte.

Alfred Komarek
Semmering
Österreich von innen
184 Seiten, gebunden mit Schutzumschlag
€ 17.90
ISBN 978-3-7099-7001-0

Wer sich in seiner neuen Reihe *Österreich von innen* mit Alfred Komarek auf die Reise begibt, wird auf unterhaltsame Weise das Wesen österreichischer Lebenswelten erforschen. Mit Neugier und Recherchelust ausgestattet, ist Komarek den Eigentümlichkeiten der Regionen und den Verbindungen über ihre Grenzen hinweg auf der Spur.

Sein erstes Ziel ist der Semmering mit dem Land ringsum, eine Region, in der Österreich wie in einem Hohlspiegel verdichtet sichtbar wird. Alfred Komarek bietet im ersten Band seiner Reihe reichhaltiges Lesevergnügen und die ebenso amüsante wie intensive Bekanntschaft mit einem besonderen Stück Österreich. Mit einem Reisefotoalbum des Autors.

„Alfred Komarek ist ein leiser, aber scharfer Beobachter und ein Kenner der österreichischen Seele.“
Kurier, Simone Hoepke